AF627643

Uli Zeller

*Applaus für Doktor Klaus*

Uli Zeller

# Applaus für Doktor Klaus

Die besten Vorlesegeschichten
für Menschen mit Demenz

BRUNNEN
Verlag GmbH · Giessen

Bibeltexte zitiert aus der Lutherbibel, revidierter Text 1984, durchgesehene Ausgabe, © Deutsche Bibelgesellschaft

In diesem Band hat Uli Zeller das Beste aus sieben Jahren Vorlesegeschichten zusammengestellt und leicht überarbeitet. Die Geschichten sind aus folgenden Büchern:

Frau Schmitt fährt mit

Frau Janzen geht tanzen

Menschen mit Demenz begleiten

Frau Lehmann und der Schneemann

Frau Krause macht Pause

MIX
Papier | Fördert gute Waldnutzung
FSC® C083411

© 2023 Brunnen Verlag GmbH

www.brunnen-verlag.de
Umschlagmotiv: istockphoto.com
Umschlaggestaltung: Daniela Sprenger
Druck: CPI Books GmbH, Leck
ISBN 978-3-7655-4383-8

# Inhalt

*Frau B. hat Demenz – was ist das eigentlich?* 9
*Zehn Tipps zum Vorlesen* 13

*Kleine und große Abenteuer* 17
Frau Braun steigt übern Zaun 17
Frau Bach steigt aufs Dach 19
Applaus für Doktor Klaus 21
Die Feuerwehr hat's manchmal schwer 24
Wo bleibt der Pfarrer? 26
Die Geburtstagsüberraschung 28
Erna Maus will hoch hinaus 30

*Wenn einer eine Reise tut* 33
Pflaumengrüße per Postkarte 33
Blaue Flecken an allen Ecken 35
Willkommen an Deck, Frau Beck 38
Pension Pauline 40
Ein Wanderstock erzählt 42
Mit Küssen zur Küste 45
Zum Wohl, Frau Pohl 46

*Vom Reisen und ankommen* 48
Frau Schmitt fährt mit (Geburtstagsgeschichte) 48
Familie Rau steht gerne im Stau 51
Griechenland – ein Reisetagebuch 53
Leichtes Gepäck 55

Die Sandburg 57
Ein Wanderschuh erzählt 58
Klaus packt aus 61

*Hund, Ziege, Papagei* 63
Polly, der Papagei 63
Jerry und Strolchi 64
Ein Dackel namens Tölpel 66
Der Spitzbart von Pfarrer Erhard 68
Wie die Tiere übereinander reden 69
Ochse und Esel unterhalten sich 70
Weihnachten mit dem Esel 72

*Viel Grund zum Danken* 77
Ich zähle täglich meine Knöpfe 77
Der Tag erwacht nach der Nacht 79
Jeder Tag steckt voller Geschenke 80
Frau Locke und die Glocke 82
Ein zufriedenes neues Jahr 83
Man muss die Feste feiern, wie sie fallen 85
Besser gut gelaufen als schlecht gefahren 86

*Zur Ruhe kommen* 89
Frau Krause macht Pause 89
Ich liege und schlafe ganz mit Frieden; denn allein du, Herr, hilfst mir, dass ich sicher wohne. 91
Gedanken zur Nacht 93
Gute Nacht, Elfriede 95
Frau Kuhn darf ausruhn 96

Gute Nacht, Hilda 98
Herr Franke und die Schranke 99

*Das reimt sich ja* 102
Frau Hase, fall nicht auf die Nase! 102
Frau Klaus wird zum Nikolaus 103
Kerzenschein für Frau Klein 105
Herr Krug und der Zug 107
Immer Ärger mit Herrn Berger 108
Frau Barth hat gespart 110
Herr Mutz haut auf den Putz 112

*Geschichten zu Sprüchen und Redensarten* 114
Wo ein Willi ist, ist auch ein Weg 114
Alles neu macht Herr Mai 115
Alte Bäume soll man nicht verpflanzen 117
Mit Fritz ist gut Kirschen essen 119
Peter ist zum Glück Schmied 121
Redensarten rund um Handwerk und Beruf 123
Wo dein Schatz ist, da ist auch dein Herz 123
Mir fällt ein Stein vom Herzen 125

*Advent, Weihnachten und Winter* 128
Max und die Krippe 128
Eine Tasse für den Winter 130
Eine Christbaumkugel erzählt vom Advent 132
Der Engel von der Post 134
Frank und die Lokomotive 136
Das Krippenspiel 138

Der Wettstreit der Monate 140

*Besinnliches und Andachten* 142
Wer hört hier schlecht? 142
Gott sucht keine Socken 144
Das Schlitzohr 146
Unter neuer Leitung 147
Der Nachfolger 148
Auch bis in euer Alter bin ich derselbe,
und ich will euch tragen, bis ihr grau werdet. 150
Jesus sagt: Ich bin die Tür. 152
Gott braucht kein Hörgerät 154

# Frau B. hat Demenz – was ist das eigentlich?

„Wo geht's denn in mein Zimmer?", fragt Helene B. im breiten südbadischen Dialekt. Schelmisch blinzeln die klaren blauen Augen der 88-Jährigen über die kupferroten Ränder ihrer ovalen Brillengläser. Zum zehnten oder elften Mal an diesem Mittag die gleiche Frage: „Wo geht's denn in mein Zimmer?" Und sie wird heute wohl noch öfter nachhaken.

Es war in einer Nacht. Vor etwa zwei Jahren. Da klingelte das Telefon bei ihrem Sohn. Die Mutter Helene war dran: „Robert. Essen ist fertig. Kommt ihr?"

„Aber Mutter, es ist mitten in der Nacht", gähnte Robert.

Im Laufe der Zeit wurde Helene B. dann im Alltag unsicherer – immer häufiger stürzte sie. Als die Hilfe von Angehörigen und ambulanter Pflege nicht mehr ausreichte, musste sie ihre Wohnung aufgeben. Sie lebt jetzt in einem Pflegeheim.

„Hilfst du mir?", fragt sie mit ihrem verschmitzten Lächeln, das zum Mitlachen ansteckt.

Frau B. ist eine von zahlreichen Menschen mit Demenz. Wie kann man sich eine Demenz vorstellen? Im Laufe des Lebens wird ein Mensch reicher an Wissen, Worten, Fähigkeiten, Erinnerungen und inneren Bildern. Schätze stapeln sich wie ein Haufen Geldscheine auf. Von unten nach oben. Fegt die Demenz wie ein Wind über ein Leben hinweg, räumt sie diesen Stapel ab: von oben nach unten. Schein für Schein verschwindet. Zuerst hat Helene B. vergessen, was sie gerade eben gegessen hat. Dabei war es ihr Leibgericht: Fisch vom Bodensee.

Die dynamische, lebenslustige 88-Jährige hat viele solcher Scheine angehäuft, die nun fortgewirbelt werden: abenteuerliche Campingurlaube und rasante Fahrten auf dem Motorroller. Spritzige Wasserskifahrten und beschwingtes Segeln auf dem Bodensee. Ganze Erlebniswelten – fort! Gestohlen, geraubt, abhandengekommen. Einfach nicht mehr abrufbar.

Helene B. hält sich heute noch lachend den Bauch, wenn man sie an Szenen aus Filmen wie „Witwer mit fünf Töchtern“ mit Heinz Erhard erinnert. Schließlich arbeitete sie Ende der 1950er-Jahre als Platzanweiserin in einem Kino. Heute ist sie selbst darauf angewiesen, dass ihr jemand ihren Platz zeigt. Der Motorroller steht nun abseits. Die Fahrten waren zuletzt eher rasant statt amüsant. Früher blühte Frau B. auf, wenn sie an den Bodensee kam. Heute zieht ein Ausflug auf die Mainau fast spurlos an ihr vorbei. Die ehemalige Wasserratte sitzt auf dem Trockenen.

Wer Menschen mit Demenz etwas vorliest, berührt damit Altbekanntes. Geschichten wecken Erinnerungen an früher. Andachten, Rätsel, Gedichte, Redensarten und Gebete wollen an Überbleibsel im Altgedächtnis andocken. Die unteren Scheine des Stapels sollen dadurch noch eine Weile erhalten bleiben. So sollen sich Menschen mit Demenz nicht nur an frühere Erfahrungen erinnern. Vielmehr sollen sie auch jetzt – trotz Demenz – alte Erfahrungen erneuern können. Helene B. sitzt nun in ihrem Rollstuhl und fragt mit ihrem unbeholfenen und zugleich charmanten Lachen: „Hilfst du mir?“ Vielleicht findet sich ja jemand, der Helene etwas vorliest, mit ihr rätselt oder betet.

*Uli Zeller*

# Zehn Tipps zum Vorlesen

*Hier einige Tipps, die sich bewährt haben. Mir hilft es, diese in den Alltag zu integrieren.*

1 **Ruhige Umgebung:** Schalten Sie Radio und Fernseher aus. Dröhnt draußen der Verkehrslärm, so schließen Sie die Fenster.

2 **Deutlich vorlesen:** Betonen Sie die einzelnen Worte. Und sprechen Sie eher etwas zu tief als zu hoch.

3 **Pausen machen:** Legen Sie eine Pause ein, wo ein Punkt steht. So klingen Ihre Worte nach. Und Sie können beobachten, wie es Ihrem Gegenüber geht. Ist er eher müde und gelangweilt? Oder aufmerksam und wach?

4 **Wiederholen:** Legen Sie so viele Wiederholungen ein, wie nötig sind. Und gleichzeitig so wenig wie möglich. So erleichtern Sie das Zuhören, ohne den roten Faden der Geschichte zu verlieren.

5 **Blickkontakt suchen:** Suchen Sie immer wieder Blickkontakt. Es ist wichtig, das richtige Maß zu finden. Wer zu lange fixiert wird, wird nervös. Findet gar kein Blickkontakt statt, kann das Vorlesen unpersönlich werden.

6 **Vorbereiten:** Nähern Sie sich Menschen mit Demenz am besten innerhalb ihres Gesichtsfeldes. Kündigen Sie an, was Sie vorhaben: „Ich möchte Ihnen gerne eine Urlaubsgeschichte vorlesen.“ Oder: „Darf ich Ihnen eine Geschichte vorlesen?“

7 **Gegenstände und Bilder einbeziehen:** Gegenstände mit einem Bezug zur Handlung können bei Ablenkungen helfen, leichter zur Erzählung zurückzufinden. Zum Beispiel können Sie ein Foto oder ein Modell eines VW Käfers mitbringen, wenn dieser in der Geschichte vorkommt. Ebenso denkbar wäre ein Fotoalbum vom Urlaub, eine Landkarte, ein Stadtplan, Sand vom Strand, eine Muschel oder Wanderschuhe. Wenn der Zuhörer das Bedürfnis hat, über ein anderes Thema zu reden, können Sie ihm entspannt zuhören und auf ihn eingehen. Danach können Sie den mitgebrachten Gegenstand einbeziehen und zur Geschichte zurückkommen.

8 **Redensarten einbauen:** Sprichwörter, Lieder und Redewendungen können Ihren dementen Zuhörern ein Erfolgserlebnis verschaffen. Sie lesen die ersten Worte vor – Ihr Zuhörer rät das Ende mit. Oder Sie singen das Lied gleich gemeinsam. Zum Beispiel: „Die Fischerin vom … Bodensee“ oder „Die Gitarre und das … Meer.“ Der Zuhörer blüht auf und merkt: Das kann ich ja noch. Ich weiß noch etwas!

9 **Mut zur Kürze:** Manchmal ist weniger mehr. Liest man zu viele Geschichten hintereinander vor, rauschen sie am Zuhörer nur noch vorbei. Beobachten Sie Ihren Zuhörer daher genau. Lesen Sie keine weitere Geschichte mehr vor, wenn Sie das Gefühl haben, dass Ihr Gegenüber sich langweilt. Versuchen Sie stattdessen lieber ein Rätsel oder singen Sie zusammen. Machen Sie gemeinsam Gymnastik oder Atemübungen.

10 **Setzen Sie sich mit diesen Tipps nicht unter Druck.** Probieren Sie zunächst am besten nur einen dieser Ratschläge aus. Erst wenn Sie diesen einen Punkt eingeübt haben, wenden Sie sich dem nächsten Tipp zu. Niemand schafft es, immer alles auf einmal „richtig" zu machen. Auch ich schaffe das nicht. Bleiben Sie also Sie selbst und „verbiegen" Sie sich nicht.

# Kleine und große Abenteuer

## *Frau Braun steigt übern Zaun*

*Tipp: Trinken Sie gemeinsam einen Tee. Bringen Sie ein paar Münzen als Anschauungsmaterial mit. Oder auch ein Foto eines Polizisten. Vielleicht finden Sie auch ein Bild, auf dem ein Haus mit einem Gartenzaun zu sehen ist.*

Frau Braun ist eine alte Frau. Sie lächelt häufig verschmitzt. Dann zwinkert sie verstohlen über den Rand ihrer runden Brillengläser. Wer sie lachen sieht, denkt: Was wird Frau Braun wohl gerade im Schilde führen? So schelmisch wie jetzt im Alter war sie schon ihr ganzes Leben lang.

Früher hatte Frau Braun einen Nachbarn, den Herrn Semmelmaier. Frau Braun und Herr Semmelmaier waren öfter verschiedener Meinung. Aus diesem Grund stand auch ein Zaun zwischen beiden Gärten. Als Frau Braun einmal in ihrem Garten die Blumen goss, rief ihr Nachbar über den Zaun: „Ihre Brennnesseln sind ja schon höher als unser Gartenzaun. Die könnten Sie ruhig einmal abschneiden."

Typisch, dachte sich Frau Braun. Der könnte doch

die Brennnesseln selber ausreißen, wenn sie ihn stören. Sie stand auf und ging zum Gartenzaun. „Aber Herr Semmelmaier“, rief sie, „in einem gesunden Garten wachsen eben Brennnesseln. Die sind gut gegen Schädlinge.“

Herr Semmelmaier holte tief Luft und schimpfte: „Brennnesseltee soll auch gut sein fürs Hirn. Trinken Sie mal einen. Vielleicht leuchtet Ihnen dann ein, dass Ihr Unkraut die Nachbarschaft belästigt!“

Da reichte es Frau Braun. Sie hielt sich mit der linken Hand am Gartenzaun fest. Sie kletterte hinauf. Sie schwang sich hinüber. Mit dem rechten Arm holte sie aus. Mit der flachen Hand schlug sie Herrn Semmelmaier auf die Wange. Das knallte richtig laut.

Herrn Semmelmaiers Gesicht wurde knallrot. Seine Wange leuchtete. Er schüttelte den Kopf und rief zornig: „Das wird Folgen haben, Frau Nachbarin. Warten Sie nur ab!“ Er hielt sich die Wange und ging ins Haus.

Am nächsten Tag klingelte bei Frau Braun das Telefon: „Hallo, hier spricht die Polizei.“

Der Polizist war ein freundlicher Mann. Er kannte Frau Braun gut – und er kannte auch ihren Nachbarn. Der Polizist sagte: „Frau Braun, Ihr Nachbar, der grantige Semmelmaier, hat Sie angezeigt, weil Sie ihn geschlagen haben. Jetzt muss ich von Ihnen eine Strafe fordern. Ich würde sagen: Zahlen Sie mir fünf Mark. Wenigstens fünf Mark muss ich verlangen.“

Frau Braun brachte dem Polizisten die fünf Mark.

Am nächsten Tag war Frau Braun wieder in ihrem

Garten und goss ihre Blumen. Da tauchte Herr Semmelmaier auf. Er rief: „Jetzt hab ich's Ihnen aber gegeben, was? So schnell werden Sie mir keine mehr runterhauen."

Frau Braun stand auf. Sie ging zum Nachbarn und meinte: „Ha, von wegen! Wenn ich gewusst hätte, dass das so billig ist, hätt ich Ihnen gleich noch eine Ohrfeige verpasst."

Inzwischen ist Frau Braun eine alte Frau. Vieles hat sie vergessen, trotz Brennnesseltee. Aber ihren Nachbarn Semmelmaier, den hat sie nicht vergessen. Wenn sie an den denkt, steigt immer noch der Zorn von früher in ihr hoch.

Neulich hat ihr mal jemand gesagt: „Ärger dich nicht länger über die alten Geschichten. Das ist ungesund! Den alten Semmelmaier kannst du nicht ändern. Aber du kannst ihm vergeben."

## *Frau Bach steigt aufs Dach*

Frau Bach ist siebenundachtzig Jahre alt. Sie wohnt in einem alten Haus. Beim letzten Regen hat sie gemerkt, dass ihre Regenrinne verstopft ist. Da hat sie einen Handwerker angerufen.

Frau Bach klagt: „Ich warte schon lange auf den Handwerker. Aber er kommt nicht."

Also krempelt Frau Bach ihre Ärmel nach oben. Sie sagt: „Was du heute kannst besorgen, das verschiebe nicht auf morgen." Und schon stellt die alte Frau eine Leiter ans Dach.

Wie bitte, mit siebenundachtzig Jahren? Ja, Alter schützt vor Torheit nicht. Tritt um Tritt klettert sie hinauf. Dann schwingt sie sich aufs Dach. Frau Bach setzt sich auf die Dachrinne und greift hinein. Sie zieht Moos und Blätter und Dreck heraus. In hohem Bogen wirft sie es auf den Hof. Dabei singt sie:

„Wenn wir erklimmen schwindelnde Höhen ..."

Dann schaut Frau Bach in den Hof – und erschrickt. Dort unten steht ihr Hausarzt. Von oben bis unten hat sie ihn mit Dreck bespritzt. Seine Brille schimmert grün von Moos.

Der Arzt hat die Hände in den Taschen und schüttelt den Kopf. Er ruft: „Aber Frau Bach. Sie steigen ja noch höher als Ihr Blutdruck! Werden Sie bloß nicht zu waghalsig!"

Frau Bach ruft herunter: „Sie haben recht. In meinem Alter sollte man nicht mehr aufs Dach steigen."

Der Arzt erhebt seinen rechten Zeigefinger. „Genau, bleiben Sie lieber auf dem Boden!" Mit dem linken Zeigefinger wischt er sich einen Klumpen Moos von der Wange.

Als der Doktor schließlich nach Hause geht, murmelt er: „Gott sei Dank ist Frau Bach nichts passiert."

***Tipp:** Jetzt können Sie das Lied gemeinsam singen, das Frau Bach auf dem Dach angestimmt hat:*

„Wenn wir erklimmen schwindelnde Höhen,
steigen dem Gipfelkreuz zu,
in unsern Herzen brennt eine Sehnsucht,
die lässt uns nimmermehr in Ruh.
Herrliche Berge, sonnige Höhen,
Bergvagabunden sind wir."

## *Applaus für Professor Klaus*

***Tipp:** Bringen Sie Bilder von verschiedenen Musikinstrumenten mit – oder auch ein Musikinstrument, das Sie selbst besitzen oder das Ihr Zuhörer früher gespielt hat.*

Professor Klaus ist 83 Jahre alt. Er sieht aus wie ein richtiger zerstreuter Professor. Seine Brillengläser sind klein und rund. Und er hat zerzauste Haare.

Er hat schon immer einen Traum: Herr Klaus will ein Musikinstrument lernen. Genauer gesagt: Er will Tuba spielen lernen, also ein richtig großes Instrument. Darum ruft er beim Dirigenten vom Musikverein an.

Der Dirigent schmettert in den Hörer: „Herr Professor, wir haben leider keine weiteren Anfänger in Ihrem

Alter. Aber Sie können mit unserer Kindergruppe Tuba spielen üben."

Gesagt, getan. Also schleppt Professor Klaus seine Tuba jeden Donnerstagabend in den Probenraum. Er verzieht das Gesicht, wenn er das schwere Instrument durch die Gegend hievt, denn sein Rücken schmerzt. Im Probenraum übt er mit den Kindern.

Der Professor ist ein fleißiger Musikschüler. Er weiß: Es ist noch kein Meister vom Himmel gefallen. Sondern: Übung macht den Meister. Er will den Kindern beweisen, dass man auch im Alter noch Neues lernen kann. Der Professor pustet und bläst jeden Tag in seine Tuba. Dabei bekommt er dicke Backen und einen roten Kopf. Es macht ihm mächtig Freude.

Eines Tages geht Professor Klaus einkaufen. Da zupft jemand an seinem Hemd. Der Professor schielt unter seinen runden Brillengläsern an sich hinunter. Ein Mädchen mit einer Zahnlücke und zwei Zöpfen schaut mit großen grünen Augen zu ihm auf. Lisa. Sie spielt ebenfalls in der Kindergruppe, und zwar Klarinette.

Sie hebt den Zeigefinger: „Du, Herr Professor, hast du denn schon geübt? Morgen ist die letzte Probe vor dem Konzert."

Professor Klaus kratzt sich am Kopf: „Was für ein Konzert?"

Lisa schüttelt den Kopf: „Wir spielen in der Stadthalle. Weißt du das nicht?"

Professor Klaus lacht: „Ja, da spielt ihr Kinder. Aber ich alter Mann doch nicht. Ich komme nur zum Üben zu euch.“ Und er lacht noch lauter. Wie würde das aussehen, wenn er mit zehn kleinen Kindern auf die Bühne stolpert? Da würden sich ja alle Besucher auf die Schenkel klopfen vor Lachen.

Lisa legt ihre Stirn in Falten: „Meine Mama sagt immer: Mitgegangen – mitgehangen. Wenn du mit uns übst, musst du auch mit uns vorspielen, Herr Professor. Basta.“

„Basta“, nickt der Professor. „Ich glaube, du hast recht. Basta.“

Bei dem Konzert gibt es lauten Applaus. Die Kinder springen auf die Bühne. Mitten in der Kinderschar ein alter Mann mit zerzausten Haaren und einer runden Brille: Professor Klaus. Aber niemand lacht. Im Gegenteil: Ein Raunen geht durch den Saal. Viele Zuschauer betrachten mit großen Augen die Musiker. Eine Zuhörerin stupst ihren Mann mit dem Ellenbogen in die Rippen. „Aua“, ruft der. Die Frau flüstert: „Schau nur. Ein alter Mann, der etwas Neues anfängt.“

Nicht nur dem Publikum hat der Auftritt gefallen. Auch dem Professor. Professor Klaus hat schon ein neues Ziel. Noch bevor er 85 Jahre alt wird, will er sein Musikabzeichen machen. Dann darf er nämlich in der Jugendmusikkapelle mitspielen!

## *Die Feuerwehr hat's manchmal schwer*

*Tipp: Bringen Sie ein Bild oder das Modell von einem Feuerwehrauto mit. Falls Sie einen kleinen Feuerlöscher haben, können Sie den auch mitbringen.*

Brigitte ist 91 Jahre alt. Sie dachte sich: „Heute backe ich Waffeln." Den Teig hatte sie schnell zusammengerührt. Sie füllte etwas davon ins Waffeleisen. Aber dann klingelte das Telefon.

Brigitte eilte in den Flur. Sie rief in den Hörer: „Hallo, Hildegard." Und dann quatschten sie und quatschten. Sie redeten ohne Punkt und Komma.

Die Waffeln hatte Brigitte schon völlig vergessen. Dummerweise hatte sie nur ein altmodisches Waffeleisen. Das schaltete nicht von selber aus. Plötzlich qualmte es in der Küche. Aus der Küchentür kam dicker Rauch. Es stank fürchterlich.

Brigitte rief: „Huch. Mein Essen ist angebrannt." Sie warf den Telefonhörer auf die Gabel und stürmte in die Küche. Dicke Rauchschwaden kamen ihr entgegen. Es biss in Brigittes Augen. Tränen kullerten über ihr Gesicht. Sie musste husten.

„Hiiilfe!"

Brigitte rang nach Luft. Sie stürmte zum Fenster und riss es auf. „Hiiilfe!"

Die schwarzen Rauchwolken zogen aus dem Fenster. Brigitte setzte sich hin und atmete tief durch.

Bald hörte sie eine Sirene: „Tatü-tata!" Ein Feuerwehrauto brauste um die Ecke.

Brigitte fuchtelte mit den Armen und rief: „Halb so schlimm. Nur angebranntes Essen. Sonst nichts."

Der Feuerwehrmann auf dem Beifahrersitz winkte zurück: „Wir sind froh, dass Ihnen nichts zugestoßen ist. Besser, wir fahren zehnmal zu viel als einmal zu wenig."

Brigitte schmunzelte: „Aber damit Sie nicht umsonst gefahren sind, wünsche ich mir etwas: Ich wollte schon immer einmal mit dem Feuerwehrauto fahren."

„Na, dann nichts wie los!", schmunzelte der Feuerwehrmann. „Steigen Sie ein! Dann fahren wir einmal um den Block. Mit Blaulicht."

Aus Brigittes Waffeln ist leider nichts geworden. Aber die alte Frau hat ein Abenteuer erlebt: Sie ist mit dem Feuerwehrauto gefahren!

## *Wo bleibt der Pfarrer?*

*Tipp: Natürlich eignet sich diese Geschichte besonders für Weihnachten. Aber man kann sie auch zu anderen Zeiten lesen. Im Winter – oder wenn man sich über traditionelle Bräuche unterhält.*

Es war der 24. Dezember, also der Heiligabend. Draußen lag richtig viel Schnee. Alle freuten sich darüber.

Die Kirche in Empelfingen war wieder proppenvoll – wie jedes Jahr an Heiligabend. Sie war bis auf den letzten Platz besetzt.

Trotz der vielen Besucher war es kalt in der Kirche. Die Leute schlotterten. Sie hatten kalte Füße. Dampfwolken traten aus den Mündern der Besucher. Jetzt fehlte nur noch der Pfarrer. Dann konnte es losgehen. Aber es kam kein Pfarrer. Wo steckte nur Pfarrer Kleinschmidt?

Die Leute tuschelten: „Wo bleibt der Herr Pfarrer?" – „Pfarrer Kleinschmidt wird doch nichts passiert sein." – „Was sollen wir jetzt ohne den Pfarrer machen?"

Jeder kannte jeden in Empelfingen. Man kann auch sagen: In Empelfingen sagen sich Fuchs und Hase gute Nacht. Einige zuckten mit den Schultern.

Schließlich stand der Wirt Habermüller auf: „Wenn der Herr Pfarrer nicht kommt, müssen wir eben selber den Weihnachtsgottesdienst gestalten."

Die Bäckerin Hilde verzog ihr Gesicht: „Genau, Habermüller. Du kannst schon ein Weihnachtslied anstimmen." Da ging ein Lachen durch die Kirche. Denn jeder im Dorf wusste, dass der Wirt nur laut sang, wenn er ein Bier zu viel getrunken hatte. Und dann klang es fürchterlich.

Aber der Wirt donnerte noch einmal: „Warum sollen wir nicht ein paar Weihnachtslieder singen?" Schon stimmte jemand an und die Gemeinde sang: „O du fröhliche, o du selige gnadenbringende Weihnachtszeit."

Dann stand Herr Habermüller erneut auf. Er rief: „Ich bin ja Wirt. Ich freue mich über Gäste. Aber an Weihnachten sollen wir unsere Herzen öffnen. Für Gott, der Mensch wurde."

„Amen", schmunzelte die Bäckerin Hilde. Einige Gottesdienstbesucher schmunzelten.

Dann schmetterte die Gemeinde noch ein Weihnachtslied: „Stille Nacht, heilige Nacht." Anschließend wünschten sich alle ein frohes Weihnachtsfest.

Da betrat Pfarrer Kleinschmidt die Kirche. Er räusperte sich: „Entschuldigen Sie. Ich bin im Schnee stecken geblieben."

Die Bäckerin Hilde schüttelte den Kopf: „Das macht nichts. Wir haben es auch alleine geschafft. Nächstes Jahr können Sie an Weihnachten eigentlich freimachen."

Der Pfarrer lächelte verlegen. Er wusste nicht, ob er traurig sein sollte, weil er nicht gebraucht wurde. Oder ob er sich darüber freuen sollte, dass die Gemeinde auch ohne ihn klargekommen war.

## *Die Geburtstagsüberraschung*

***Tipp:** Unterhalten Sie sich über Geburtstage von Familienmitgliedern – zum Beispiel anhand der verschiedenen Jahreszeiten, in denen die Geburtstage stattfinden. Bringen Sie Bilder von früheren Geburtstagsfeiern des Zuhörers mit.*

Rosemarie wurde 80 Jahre alt. Sie wollte an ihrem Geburtstag gar nicht feiern. Oder wollte sie doch? Genau das war das Problem: Sie wusste nicht, ob sie eine Feier wollte oder nicht.

Endlich, vier Tage vor ihrem Geburtstag, traf sie eine Entscheidung: Wir feiern zusammen meinen Geburtstag. Ich lade alle ein.

Rosemarie rief ihre Tochter Sabine an: „Wir feiern in vier Tagen. Deine Schwestern und dein Bruder haben schon zugesagt. Ich würde mich freuen, wenn du auch kommst."

Sabines Atem stockte: „Damit habe ich jetzt leider gar nicht mehr gerechnet. Und du wohnst so viele Kilometer weit weg. Du lebst in Karlsruhe und ich in Dresden. Und ich habe noch viel, viel Arbeit. Wie soll ich das denn schaffen? Tut mir leid, Mama. Ich kann nicht kommen."

Rosemarie schluckte: „Ja, das verstehe ich natürlich. Wenn ich mich so spät melde, bin ich auch selber schuld."

Am Abend dachte Sabine: „Vielleicht sollte ich doch

hin. Es ist meine Mutter. Und sie wird 80. Sie freut sich, wenn ich dabei bin."

Sie beschloss: „Also gut, ich fahre doch hin. Aber ich werde es Mama vorher nicht verraten. Es soll eine Überraschung sein. Ich habe eine Idee: Ich fahre schon am Tag vorher und übernachte bei meinem Bruder. Der wohnt ja ganz in der Nähe von Mama."

Am Geburtstagsmorgen meinte Sabine zu ihrem Bruder: „Pass auf. Ich mache es wie immer. Ich rufe Mama an. Sie denkt ja, ich sei noch zu Hause. Dann wird die Überraschung nachher noch viel größer."

So klingelte am Geburtstag wie gewohnt das Telefon bei Rosemarie. Sabine sang in den Hörer: „Viel Glück und viel Segen auf all deinen Wegen."

Rosemarie freute sich, ihre Tochter wenigstens am Telefon zu hören. Die Mutter sagte: „Danke für deinen Anruf. Schade, dass du nicht hier sein kannst." Sabines Bruder stand neben ihr und schmunzelte.

Später machten sich Sabine und ihr Bruder zusammen auf den Weg. Es regnete ein bisschen. Und so fiel es gar nicht auf, dass Sabine sich in ihren Regenmantel einhüllte. Ihr Gesicht verdeckte sie mit einem großen Schirm.

Die Mutter stand schon in der Haustür, als die beiden näher kamen. Rosemarie kniff ihre Augen zusammen und spähte durch den Regen: „Nanu, mein Sohn, bringst du noch einen Gast mit?"

Sabines Bruder sagte nichts. Am liebsten hätte er laut gelacht, aber er wollte seiner Schwester nicht den Spaß verderben.

Sabine hatte sich immer noch hinter ihrem Schirm versteckt, als sie direkt vor der Mutter stand. Sie streckte die Hand aus und hielt ihr eine Geburtstagskarte hin. Darauf stand: „Wie schön, dass du geboren bist. Wir hätten dich sonst sehr vermisst."

Dann nahm Sabine den Schirm zur Seite und strahlte ihre Mutter an. Rosemarie nahm ihre Tochter in den Arm und sagte: „Die Überraschung ist euch gelungen! Dieses Jahr habe ich also ein lebendiges Geburtstagsgeschenk bekommen."

## *Erna Maus will hoch hinaus*

*Tipp: Bringen Sie Bilder von einem Rummelplatz oder einem Riesenrad mit.*

Erna Maus hat eine Leidenschaft: den großen Jahrmarkt mit dem Rummelplatz. Jedes Jahr findet er im Oktober statt. Erna liebt die vielen Marktstände. Da gibt es warme Socken und scharfe Messer, aber auch Schinken aus Tirol und Käse aus Holland. Und es riecht nach Gewürzen aus aller Welt: Curry, Oregano und Thymian. Eine Schiffschaukel und eine Achterbahn sind ebenfalls dort.

Das Besondere am Jahrmarkt: Alle paar Jahre findet der Markt genau an Ernas Geburtstag statt. So auch dieses Jahr. Und da wird Erna Maus 87 Jahre alt.

Zu ihrem Enkel Peter sagt Erna: „Ich gehe dieses Jahr wieder auf den Jahrmarkt. Das ist mein schönstes Geburtstagsgeschenk."

Peter antwortet: „Ich hab eine Idee. Dieses Jahr machen wir etwas Besonders. Wir feiern deinen Geburtstag auf dem Riesenrad."

Endlich ist es so weit: Erna hat Geburtstag. Zusammen mit ihrem Enkel macht sie sich auf den Weg zum Jahrmarkt. Erna ist ein wenig mulmig zumute, denn sie ist noch nie mit dem Riesenrad gefahren. Das geht ja so hoch hinaus! Aber sie sagt sich: Alter schützt vor Torheit nicht. Und: Wer A sagt, muss auch B sagen. Und schon drehen sie die erste Runde auf dem Riesenrad.

Als sie ganz oben sind, holt ihr Enkel Peter eine Flasche Sekt aus dem Rucksack. Mit einem lauten Knall lässt er den Korken durch die Luft fliegen.

„Uuups", sagt Erna und zieht den Kopf ein. „Hoffentlich hat der Korken niemanden getroffen."

Bei der nächsten Runde kramt Peter wieder im Rucksack. Er nimmt zwei Sektgläser in die Hand und schenkt ein. Erna und Peter spüren den Fahrtwind auf ihren Gesichtern.

Peter strahlt: „Prost, Oma Erna! Alles Gute zu deinem 87. Geburtstag. Schau mal hinunter, wie klein die Menschen von hier oben aussehen! Ich glaube, alle Probleme werden kleiner, wenn man sie vom Riesenrad aus betrachtet."

Erna antwortet: „Danke, Peter! Ich glaube, so ähnlich ist es auch mit dem Älterwerden. Man hat ein bisschen mehr Abstand zu vielen Dingen und kann über manches Hindernis besser hinwegsehen."

# Wenn einer eine Reise tut

## *Pflaumengrüße per Postkarte*

Im Sommer fährt Frau Bauer ins Allgäu. Sie besucht ihre Tante.

Die Tante schlägt vor: „Lass uns wandern gehen. Hier gibt es schöne Wanderwege."

Als Frau Bauer einen Pflaumenbaum in einem Garten sieht, fällt ihr etwas ein: „Oh nein. Zu Hause habe ich ja auch einen Pflaumenbaum. Die reifen Pflaumen fallen herunter – und verfaulen."

Da sagt die Tante: „Kennst du niemanden, der sich über die Pflaumen freuen würde?"

„Doch." Frau Bauer lächelt. „Meinen Nachbarn. Den Herrn Götz. Ich kenne ihn zwar nur flüchtig. Aber er würde sich bestimmt darüber freuen."

Also kauft Frau Bauer eine Postkarte. Darauf ist ein Bild vom Nebelhorn im Allgäu. Der Berg im Nebel – er macht seinem Namen alle Ehre. Hinten drauf schreibt sie: „Lieber Herr Götz, herzliche Grüße aus dem Allgäu. Ich habe vergessen: Meine Pflaumen im Garten sind reif. Gerne können Sie alles ernten und essen." Flugs wandert die Postkarte in den nächsten Briefkasten – und macht sich auf den Weg zu Herrn Götz.

Als Frau Bauer zwei Wochen später nach Hause kommt, staunt sie nicht schlecht. Herr Götz kommt ihr entgegen und überreicht ihr einen Pflaumenkuchen. Der Kuchen duftet frisch nach Mürbeteig und gebackenen Pflaumen.

Herr Götz begrüßt Frau Bauer: „Während Sie durch den Nebel getappt sind, habe ich einen Pflaumenkuchen für Sie gebacken."

Frau Bauer läuft das Wasser im Mund zusammen. „Das freut mich."

Herr Götz lächelt. „Die Pflaumen aus Ihrem Garten haben mich an meine Kindheit erinnert. Meine Oma hatte immer Pflaumen. Davon haben wir als Kinder genascht. Das Rezept für den Kuchen ist von meiner Oma."

„Kommen Sie mit", freut sich Frau Bauer. „Ich koche uns einen Kaffee, erzähle Ihnen vom Allgäu – und Sie verraten mir das Rezept von Ihrem Pflaumenkuchen."

***Schmecken:***
*Bieten Sie ein Essen oder eine Leckerei an, die aus Pflaumen besteht und genießen Sie es zusammen. Beispiele: Pflaumenmarmelade-, -mus oder -kuchen, Zwetschgenschnaps oder -likör.*

***Betrachten und ordnen:***
*Bringen Sie verschiedene Ansichtskarten mit. Betrachten Sie diese gemeinsam. Sie können die Karten auch nach verschiedenen Kriterien sortieren:*

*Zum Beispiel nach Urlaubsarten: Urlaub am Meer, in den Bergen, in einer Stadt.*
*Nach Bundesländern: Bayern, Niedersachsen, Mecklenburg-Vorpommern.*
*Nach Ländern: Schweiz, Frankreich, Tschechien.*
*Nach Gegenden: Kraichgau, Sächsische Schweiz, Vorarlberg.*

## Blaue Flecken an allen Ecken

***Tipp:*** *Wenn der kursiv gesetzte, englische Satz zu schwierig oder verwirrend ist, überspringen Sie ihn einfach.*

Veronika ist im Alter etwas wackelig geworden. Immer wieder stürzt sie.

Neulich putzte Veronika den Boden. Sie rutschte aus und schlug sich den Unterschenkel an der Wand an. Bald danach bildete sich ein Blutgerinnsel. Es war unten breiter und oben schmal. Links daneben ein kleiner Fleck. *Veronikas Mann sagte: „So funny, darling. It looks like Great Britain."*

Veronika musste lachen: „Tatsächlich. Der Fleck sieht aus wie Großbritannien."

Ein anderes Mal verlor Veronika das Gleichgewicht. Mit ihrem Oberarm prallte sie an die Wand. Was sich da später herausbildete, kam ihr auch bekannt vor. Veronika sagte zu ihrem Mann: „Der Fleck sieht aus wie Skandinavien." Die Augen ihres Mannes leuchteten: „Ich habe als Jugendlicher mal eine Reise durch Norwegen gemacht."

Veronika bekam große Augen. „Das weiß ich ja noch gar nicht."

„Doch, doch", bekräftigte ihr Mann. „Wir haben gezeltet. Und gestaunt über die vielen Tiere. Ich habe Rentiere gesehen – und sogar einen Elch."

Eines Tages spritzte Veronika wie immer vor dem Essen ihre Insulinspritze in ihren Bauch – und traf dabei eine kleine Ader. Unter dem Bauchnabel bildete sich bald ein blauer Fleck. Veronikas Mann schmunzelte: „Der sieht aus wie ein Stiefel. Das erinnert mich an Italien." Da machte sich Veronika auf in den Laden. Sie kaufte Oliven, Käse und Wein. Zu ihrem Mann sagte sie: „Ich habe eine Überraschung. Der Fleck am Bauch hat mich auf diese Idee gebracht. Heute Abend gibt's italienischen Primitivo-Wein und Parmesan." Da lächelte ihr Mann: „So schön. Wie früher im Urlaub. Als wir in der Toskana waren. Und an lauen Abenden haben wir draußen gesessen – und haben bei Wein und Käse den Sonnenuntergang genossen."

Manche Menschen verreisen mit dem Finger auf der Landkarte. Veronika verreist in Gedanken, wenn sie ihre blauen Flecken begutachtet. Und kommt so zu Begegnungen mit der englischen Sprache, norwegischen Elchen oder italienischen Mahlzeiten.

***Landkarten:***

*Bringen Sie eine politische Weltkarte mit, auf der die Umrisse der einzelnen Länder eingezeichnet sind. Betrachten Sie die Länder gemeinsam. Vielleicht ergibt sich ein Anknüpfungspunkt zur Erinnerung an eine Urlaubsreise.*

***Redensarten gemeinsam ergänzen:***

*Wichtig dabei ist, dass Sie Ihrem Zuhörer nie das Gefühl geben, dass er wie in der Schule abgefragt wird. Es geht darum, die gemeinsame Zeit sinnvoll zu gestalten.*

*Eine Reise durch Länder Europas:*
*Das kommt mir … spanisch vor.*
*Leben wie Gott in … Frankreich.*
*Frau Antje bringt Käse aus … Holland.*
*Er sitzt hinter schwedischen … Gardinen.*

*Fallen Ihnen noch mehr europäische Länder ein? Tragen Sie diese zusammen.*

## *Willkommen an Deck, Frau Beck*

Frau Beck ist 84 Jahre alt und hat viele Falten im Gesicht. Neulich hat sie an einem Preisausschreiben teilgenommen. Das Lösungswort lautete: „MATROSE". Und – prompt hat Frau Beck gewonnen. Eine Kreuzfahrt. Frau Beck sagte zu ihrem Enkel Jonas: „Vor der Fahrt auf dem Schiff habe ich keine Angst. Aber vor dem Flug. Und wie soll ich überhaupt den Hafen finden?"

Jonas ermutigte sie: „Oma. Du schaffst das."

Und am Tag der Abreise drückte er ihr einen Fotoapparat in die Hand: „Nimm meinen Fotoapparat mit. Und mache ein paar Bilder."

Beim Flug nach Griechenland saß Frau Beck neben einem Herrn mit schwarzem Anzug und weißem Hemd.

Sie erklärte ihm: „Ich fliege zum ersten Mal."

Der Herr musterte seine Sitznachbarin mit ihren vielen Runzeln und konnte ein Schmunzeln nicht verbergen. „Einmal ist immer das erste Mal. Es ist nie zu spät, etwas Neues anzufangen."

Er erklärte ihr allerhand Wissenswertes über das Flugzeug. Und als sie in Athen ankamen, brachte er Frau Beck sogar zum Hafen.

Einem Matrosen beim Schiff rief er zu: „Das ist Frau Beck."

Der Matrose streckte ihr die Hand entgegen: „Willkommen an Deck, Frau Beck."

So genoss Frau Beck ihre Tage auf dem Schiff. Mit einem Glas Sekt wurde sie willkommen geheißen. Sie saß viel auf dem Liegestuhl und genoss die raue Seeluft. Und eines Abends fand sogar ein Tanzabend statt. Der nette Matrose fragte Frau Beck: „Darf ich Sie zum Tanze bitten?" Und Frau Beck schwang freudig mit ihm das Tanzbein.

Als sie wieder zu Hause war, sagte sie zu ihrem Enkel: „Ich habe kein einziges Foto gemacht. Es war immer so viel los. Das ist aber auch gar nicht so wichtig. Wichtiger ist doch, dass ich die Bilder im Herzen behalte."

***Aktivierung:***
*Probieren Sie doch mit Ihren Zuhörern einmal einige Tanzschritte aus. Wenn Sie keine kennen, können Sie leicht einige erfinden.*
*Zum Beispiel: Mit dem rechten Fuß nach vorn. Dann mit dem linken Fuß nach vorn.*
*Mit dem linken Fuß nach links. Mit dem rechten Fuß nach links.*
*Mit dem linken Fuß nach hinten. Mit dem rechten Fuß nach hinten.*
*Mit dem rechten Fuß nach rechts. Mit dem linken Fuß nach rechts.*
*Und das Ganze noch einmal.*
*Vielleicht finden Sie ein Lied, dessen Rhythmus gut dazu passt.*
*Diese Übung geht übrigens auch im Sitzen. Falls ihr Gegenüber beispielsweise im Rollstuhl sitzt, könnte man auch nur mit den Armen „tanzen".*

## *Pension Pauline*

Zwei Wochen in den Bergen! Sebastian und seine Eltern sind jeden Winter nach Tirol zum Skilaufen gefahren. In einem Bergdorf wohnten sie in der „Pension Pauline".

Die Wirtin Pauline war ein altes Mütterchen. Pauline hatte graue Haare und blaue Augen. Und eine runde Brille, über deren Ränder sie schielte. Sebastian mochte Oma Pauline. Und Sebastians Papa sagte: „In der Pension Pauline ist's schöner als in jedem Hotel."

Jeden Tag gab es eine neue Überraschung bei Pauline.

An einem Morgen türmte sich der Schnee zwei Meter hoch auf der Straße. Es gab kein Durchkommen mehr. Da sagte Papa: „Das macht doch nichts. Wir sind ja im Urlaub." Sie holten die Schneefräse und griffen zur Schneeschippe. Dann schoben sie den Schnee beiseite. Das war ein Spaß!

Eines Abends stellte Pauline fest: „Wir haben ein Problem. Das Brot ist leer. Aber Sie wollen doch morgen frühstücken."

„Nein, das ist kein Problem", antwortete Sebastians Papa. „Haben Sie alles da, was man zum Backen braucht? Mehl und Wasser und Hefe?"

Pauline wühlte in den Küchenschränken. „Ja. Wir haben alles da."

Sebastians Papa lächelte. „Prima. Dann stehe ich morgen eine Stunde früher auf und backe ein Brot."

Wenn die Familie abends von der Piste kam, waren

Sebastian und seine Eltern bis auf die Knochen durchgefroren. Dann setzte sich Sebastian zu Pauline an den Kachelofen. Und Pauline erzählte Sebastian immer die spannendsten Geschichten, die sie an diesem Tag gehört hatte. Zum Beispiel:

„Ein Urlaubsgast wurde von seiner Frau als vermisst gemeldet. Aber dann hat sich herausgestellt, dass er nur ins Wirtshaus gegangen war. Dort hatte er die Zeit vergessen – und hat den Absprung zurück zur Familie im Hotel nicht mehr geschafft."

„Ein Bankräuber hat die Bank im Dorf ausgeraubt. Aber dann hat es so stark geschneit, dass er nicht mehr fliehen konnte. Der Wagen blieb im Schnee stecken – und die Räder drehten auf der glatten Straße durch."

„Das Gipfelkreuz war verschwunden. Drei Wanderer hatten eine Anzeige bei der Polizei gemacht. Als die Polizisten aber auf dem Gipfel ankamen, war das Kreuz wieder da. Es hatte nur im Nebel gestanden, als die drei Wanderer auf dem Gipfel ankamen. Darum hatten sie das Kreuz nicht gesehen."

Sebastian gefällt es bei Pauline. „Papa hat schon recht. In der Pension Pauline ist es schöner als in jedem Hotel."

***Zeitungsrunde:***
*Bringen Sie eine Zeitung mit. Lesen Sie daraus vor und unterhalten Sie sich über die Neuigkeiten. Aber: Am besten nur gute Nachrichten ...*

***Brot backen:***
*Zählen Sie die Zutaten für Brot auf: Mehl, Salz, Wasser, Hefe, Joghurt, ...*

## *Ein Wanderstock erzählt*

Mein Name ist „Klack“. Um genau zu sein, habe ich einen Doppelnamen: „Klack-Klack.“ Das kommt daher, weil ich ein Wanderstock bin. Ein Haselnuss-Wanderstock. Wenn ich auf den Boden aufschlage, macht es *klack*. Und wenn mein Besitzer Lothar marschiert und mich in der Hand hat, mache ich: *Klack, klack, klack*. Und immer wieder: *Klack, klack, klack*.

Lothar fährt mit seiner Familie gerne zum Wandern. Oft bis in die Alpen. Und da nimmt er mich mit. Lothars drei Kinder – das ist eine besondere Truppe. Die sind fünf, sieben und zehn Jahre alt. Stellen Sie sich das mal vor: Da muss ich in einem rostigen VW Käfer mit Lothar und seiner Familie sonst wohin fahren. Die Kinder haben manchmal gar keine Lust auf wandern. Aber Lothar schleift sie mit in die Berge. Und Lothars Frau muss sie bei Laune halten. Sie singt ein Kinderlied mit ihnen. Soweit wäre das ja in Ordnung. Aber das Problem ist, dass Lothars Frau nur ein Kinderlied kennt. Sie singt immer das gleiche Lied: *Mein Hut, der hat drei Ecken*. Immer wieder dieser Hut mit seinen drei Ecken – wie eine Schallplatte, die einen Sprung hat.

Wissen Sie was? Darf ich Ihnen was im Vertrauen verraten? Das regt mich auf! Stellen Sie sich das mal vor.

Da fahre ich – ein knorriger Haselnuss-Stock – mit Lothar und seinen Kindern in die Pampa auf verlassene Berge – und immer wieder muss ich mir anhören: „Mein Hut, der hat drei Ecken, drei Ecken hat mein Hut, und hätt' er nicht drei Ecken, dann wär es nicht mein Hut."

Leider gibt es keine Gewerkschaft für Wanderstöcke. Also kann ich mich auch bei niemandem beschweren. So muss ich halt schweigen – und mir den schrägen Gesang von der Mama anhören. Immer wieder. Sie denken vielleicht, ich sei nur ein dummer Haselnuss-Wanderstock. Aber ich finde, auch Haselnuss-Stöcke haben ein Recht darauf, ernst genommen zu werden.

Alles andere, was ich tagaus, tagein erlebe, ist dagegen das reinste Kinderspiel: Lothars verschwitzte Hände, die mich beim Wandern nass machen. Oder die vielen Stöße, die ich spüre, wenn ich immer wieder auf dem Boden aufkomme und *klack* mache. Daran habe ich mich schon längst gewöhnt. Aber dieser dauernde Sing-Sang vom Hut mit seinen drei Ecken – dieses Lied macht mich noch ganz verrückt.

Aber inzwischen habe ich einen Plan. Neulich stand ich nämlich an einer Hütte in den Bergen. Lothar verspeiste gerade mit seinen Kindern einen frischen Käse von der Alp. Und da habe ich mich mit einem anderen Wanderstock unterhalten. Der hat mir einen Tipp gegeben: „Warte mal, bis ein anderer Wanderer vorbeikommt. Dann wirf dich ihm in den Weg. Vielleicht nimmt er dich ja mit."

Da habe ich gefragt: „Und was soll das bringen?"

Der andere Wanderstock hat mich verblüfft angeschaut. „Was das bringen soll? Na, vielleicht kommst du dann zu einem Wanderer, der ein paar schöne Wanderlieder kennt. Zum Beispiel: *Es steht eine Mühle im Schwarzwälder Tal.* Oder: *Wem Gott will rechte Gunst erweisen.* Oder das *Kufsteinlied.*"

Was für eine gute Idee. Das probiere ich mal aus. Vielleicht klappt das ja.

***Wanderstock:***
*Bringen Sie einen Wanderstock mit. Vielleicht können Sie einen selbst geschnitzten Stock aus dem Wald mitbringen. Oder einen Stock, mit dem Ihr Zuhörer gewandert ist.*

***Ergänzen:***
*Wie geht dieses Lied / wie endet diese Liedzeile?*
*Mein Hut, der hat drei … Ecken.*
*Es steht eine Mühle im Schwarzwälder … Tal.*
*Wem Gott will rechte Gunst erweisen, den schickt er in die weite … Welt.*
*Kennst du die Perle, die Perle Tirols. Das Städtchen Kufstein, das kennst du … wohl.*

# *Mit Küssen zur Küste*

Susanne und Günter sind nun 50 Jahre verheiratet.

Günter sagt: „Zu unserer Goldenen Hochzeit machen wir eine Reise. Sollen wir an die Nordsee fahren?“

Susanne nickt. „Ja, das wäre schön. Ich erinnere mich gerne an unsere Hochzeitsreise. Wir waren in Garmisch-Partenkirchen. Und sind viel wandern gegangen.“

Günter blinzelt schelmisch. „Und es hat uns beiden riesigen Spaß gemacht.“

Susanne lacht. „Von wegen. Es hat mir nicht immer Spaß gemacht. Manchmal hat es mir gestunken. Die Berge waren meistens höher als gedacht. Und nach der nächsten Kurve schien der Gipfel immer noch so weit weg zu sein.“

Günter schmunzelt. „Und was haben wir dann gemacht?“

Susanne hebt ihre Brauen. „Du hast mir immer einen Kuss gegeben, wenn wir einen weiteren Kilometer geschafft haben. Dann hat mir das Wandern wieder Spaß gemacht.“

Günter nickt. „Und so machen wir das jetzt auch auf der Reise an die Nordsee. Weil wir 50 Jahre verheiratet sind, fahre ich alle 50 Kilometer rechts ran. Und dann bekommst du einen Kuss!“

***Gesprächsimpuls:***
*Was sind typische Reiseziele für Paare?*

*Haben Sie eine Hochzeitsreise gemacht?*
*Wenn ja, wohin sind Sie auf Ihrer Hochzeitsreise gefahren?*
*Beispiele: Paris, Venedig, Sylt, Bodensee ...*

## *Zum Wohl, Frau Pohl*

Frau und Herr Pohl sitzen beim Abendessen auf der Terrasse eines Restaurants in Italien. Die Luft ist mild. Der Kellner schenkt den Pohls etwas Wein ein. Es gluckert. Herr Pohl riecht daran. Er trinkt einen Schluck. „Mmh, lecker. Ein italienischer Primitivo."

Herr Pohl hebt sein Glas. „Zum Wohl, Frau Pohl."

Frau Pohl nickt ihm zu. „Zum Wohl, Herr Pohl."

Der Kellner fragt: „Was möchten Sie essen?"

Herr Pohl bestellt: „Eine Pizza Margeritha, bitte."

Frau Pohl mustert ihren Mann. „Warum so bescheiden? Wir sind im Urlaub. Genieß es. Lass dir die Pizza dick belegen. Mit Schinken, Salami, Pilzen, Peperoni, Paprika, Zwiebeln und Oliven."

Herr Pohl schüttelt den Kopf. „Nein, ich mag den Geschmack des Pizzateiges. Und den schmecke ich bei einer Margeritha ohne Belag noch deutlicher."

Frau Pohl runzelt die Stirn. „Seit wann isst du lieber den *Teig* als den Belag? Zu Hause esse *ich* doch immer den Rand."

„Na klar“, nickt Herr Pohl. „Darum esse ich den Rand zu Hause ja auch nicht. Weil du ihn immer isst.“

Frau Pohl schüttelt den Kopf. „Jetzt kenne ich dich seit 30 Jahren. Und ich dachte immer, dass du den *Rand* nicht magst. Und hab ihn deshalb immer gegessen.“

„Oh doch.“ Herr Pohl fährt sich mit der Zunge über die Lippen. „Ich liebe Teig.“

Frau Pohl muss lachen: „Und ich esse eigentlich viel lieber den Belag als den Rand.“

Herr Pohl wendet sich an den Kellner: „Dann bringen Sie uns doch bitte zweimal Pizza. Dick belegt. Mit dickem Rand. Ich bekomme den Rand. Und meine Frau den dicken Belag in der Mitte.“

Frau Pohl hebt ihr Glas Wein. „Gut, dass wir das jetzt bemerkt haben. Besser spät als nie. Lass uns gleich drauf anstoßen. Das Leben ist zu kurz, um Dinge zu essen, die man nicht mag.“

„Jawohl. Zum Wohl, Frau Pohl.“

*Gesprächsimpuls:*
*Womit kann man eine Pizza belegen? Käse, Mozzarella, Salami, Schinken, Pilze, Knoblauch, Oliven, Lachs, Garnelen, Spinat, …*

*Pizza backen*
*Belegen Sie gemeinsam eine Pizza und backen Sie diese zusammen.*
*Guten Appetit!*

# Vom Reisen und ankommen

## *Frau Schmitt fährt mit*
*(Geburtstagsgeschichte)*

Neulich schnitt Herr Schmitt im Garten einen Strauch – und erklärte dabei seiner Frau: „Du, ich bin an meinem Geburtstag nicht zu Hause. Ich muss arbeiten. Aber so ist das nun mal als Schaffner."

Seine Frau holte tief Luft. „Jammerschade. Und dabei haben wir uns alle drauf gefreut, mit dir zu feiern."

Herr Schmitt nickte. „Ja. Ich habe mich auch gefreut, den Geburtstag mit dir und den Kindern zu verbringen. Am Geburtstag bin ich am liebsten bei euch."

Mit der Bahn ist Herr Schmitt schon in ganz Deutschland unterwegs gewesen. Von Flensburg bis Freiburg, von Stuttgart bis Schwerin und von Garmisch-Partenkirchen bis Gummersbach. Herr Schmitt kennt das ganze Land. Und Herr Schmitt dachte sich: *Dienst ist Dienst und Schnaps ist Schnaps.* Darum machte er sich keine Gedanken mehr darüber, dass er seinen Geburtstag in diesem Jahr nicht mit seiner Familie feiern konnte. Noch ehe die Schmitts den Strauch zu Ende geschnitten hatten, hatte Frau Schmitt sich aber schon eine Geburtstagsüberraschung für Ihren Mann überlegt.

Herr Schmitts Geburtstag kam. Und Herr Schmitt ging. An den Bahnhof, wo er seinen Dienst antrat.

Er begleitete an diesem Tag einen Zug von Konstanz nach Karlsruhe.

Kaum war Herr Schmitt aus dem Haus, pfiff Frau Schmitt laut auf ihren Fingern. Dann rief sie: „Kinder, jetzt geht es los." Und schon machten sich alle auf den Weg. Die drei Jungen der Schmitts setzten sich in den Ford der Familie. Und schleunigst steuerte Frau Schmitt den Bahnhof in Radolfzell an. Als sie auf den Bahnsteig kamen, fuhr auch schon Papas Zug aus Konstanz ein. Die Familie schlüpfte hinein. Frau Schmitt setzte sich mit ihren drei Kindern in ein leeres Abteil.

Es dauerte nicht lange. Der Zug fuhr gerade am Hohentwiel vorbei. Da hörte Frau Schmitt einige Abteile weiter die Stimme ihres Mannes. Sie hob den Zeigefinger. „Achtung, Jungs. Jetzt kommt er."

Bald öffnete sich die Schiebetür des Abteils. „Hier noch jemand zugestiegen?", fragte der pflichtbewusste Schaffner. „Die Fahrkarten bitte."

Die Jungen kicherten.

Und Frau Schmitt rief: „Alles Gute zum Geburtstag, mein Schatz. Schau mal, was wir dir mitgebracht haben."

Herr Schmitts Blick folgte dorthin, wohin seine Frau zeigte. Auf dem Klapptisch beim Fenster stand eine Torte mit einer Kerze drauf.

Die Jungen stimmten ein Lied an: „Viel Glück und viel Segen auf all deinen Zugfahrten. Gesundheit und Frohsinn fahren auch immer mit."

Herr Schmitt lachte. „So eine fröhliche Schar Schwarzfahrer habe ich ja noch nie dabeigehabt."

Frau Schmitt schüttelte den Kopf. „Von wegen Schwarzfahrer. Schau nur her, Herr Schaffner", trumpfte sie auf und wedelte mit der Fahrkarte unter Herrn Schmitts Nase. Dann lachte sie und erklärte: „So viel ist es uns wert, deinen Geburtstag mit dir zu verbringen, mein Schatz."

Diesen besonderen Geburtstag wird Herr Schmitt wohl nie mehr vergessen.

***Ab an den Bahnhof:***

*Vielleicht ist es möglich, dass Sie einmal gemeinsam einen Bahnhof besuchen. Es kann inspirierend sein, Menschen und an- und abfahrende Züge zu beobachten.*

***Haltestationen:***

*Fragen Sie Ihren Zuhörer nach Bahn- oder S-Bahn-Stationen, an denen er früher durchgefahren ist. Zum Beispiel auf dem Arbeitsweg oder bei der Fahrt in den Urlaub.*

# *Familie Rau steht gerne im Stau*

Der Stau hat manchmal auch etwas Gutes. So gäbe es keine Familie Rau ohne Stau.

Als Robert Rau noch ein kleiner Junge war, sagte sein Vater: „Endlich Ferien. Wir fahren in den Süden." Und dann brausten sie los.

Unterwegs bremste Roberts Vater. „Oh nein. Ein Unfall. Wir müssen warten."

Natürlich hatte man damals noch kein eigenes Wort dafür gehabt. Aber heute würde man wohl von einem Stau sprechen.

Nachdem es nicht weiterging, setzten sich Robert und seine Familie an den Straßenrand – und spielten Karten. Bald gesellte sich noch eine zweite Familie dazu. Die Knallhubers. Die Tochter hieß Waltraud.

„Hast du einen Trumpf?"

„Das würdest du gerne wissen, was?"

„Bube, Dame, König, Ass."

„Gewonnen. Der Stich gehört mir."

Nach einer Stunde konnten die Raus weiterfahren. Sie saßen schon im Auto und winkten den Knallhubers. Da kurbelte Robert das Fenster herunter und rief Waltraud zu: „Wo wohnt ihr eigentlich?"

„In Remscheid. Warte." Waltraud nahm einen Zettel und schrieb ihre Adresse drauf. Sie sprang aus dem Auto. Sie steckte Robert den Zettel zu. Und da fuhren die Raus auch schon los.

In den nächsten Jahren schrieben sich Waltraud und Robert immer wieder. Die Familien besuchten sich sogar hin und wieder.

Und schließlich haben Waltraud und Robert geheiratet und Kinder bekommen.

Wann immer Robert mit seiner Waltraud nun im Stau steht, zwinkern sich Waltraud und Robert zu und sagen: „Der Stau hat doch so manch Gutes." Darum steht Familie Rau so gerne im Stau.

***Bilder:***
*Bringen Sie Bilder zum Thema Straßenverkehr aus Zeitschriften mit und betrachten Sie diese gemeinsam.*

***Aktivierung: Bringen Sie ein Kartenspiel mit.***
*Welche Kartenspiele kennen Ihre Zuhörer? Lassen Sie sich die Regeln erklären. Sortieren Sie gemeinsam Spielkarten – z. B. nach Zahl, Symbol oder Farbe. In auf- oder absteigender Reihenfolge.*

# *Griechenland – ein Reisetagebuch*

Frau Sprenzinger fliegt nach Griechenland. Damit sie sich später daran erinnern kann, was sie erlebt hat, schreibt sie ein Reisetagebuch.

*12. September:* Flug war kurzweilig. Bin gut angekommen. Koffer packe ich morgen aus. Koffer steht jetzt erst mal mitten im Hotelzimmer.

*13. September:* Habe die Gegend erkundet. Rund ums Hotel gibt es viele Olivenbäume. Meer ist nur 100 Meter entfernt. Noch nicht dazu gekommen, meinen Koffer auszupacken.

*14. September:* Beim Frühstück im Hotel mit einer Frau unterhalten. Frau Fink. Ist hier auch im Urlaub. Sind zusammen schwimmen gegangen. Zum Auspacken keine Zeit gefunden.

*15. September:* Ganzen Tag geschwommen und am Strand gelegen. Herrlich. Morgen muss ich endlich meinen Koffer auspacken. Steht immer noch mitten im Zimmer. Und ich muss immer drumherum laufen.

*16. September:* War heute mit Frau Fink im Museum. Abends hundemüde. Wollte nur noch ins Bett. In der Nacht wäre ich fast über den vollen Koffer gestolpert.

*17. September:* Ganzen Tag nur im Hotel gesessen und ausgeruht. Koffer? Morgen!

*18. September:* Einer Reisegruppe angeschlossen. Waren in Athen. Akropolis erkundet. Abends keine Kraft mehr zum Auspacken.

*19. September:* Zum Mittagessen ein Glas griechischer Wein. Danach müde. Ganzen Mittag verschlafen. Koffer später auf den Balkon gestellt, damit ich nicht immer drum herumlaufen muss.

*20. September:* Schnorcheln gegangen. Schöne Korallen gesehen. Und bunte Fische. Koffer steht noch auf dem Balkon.

*21. September:* Frau Fink war wieder da. War einige Tage auf einer Bootsfahrt und hat mir ausgiebig davon erzählt. Morgen geht's nach Hause.

*22. September:* Einen Vorteil hat es ja, wenn man nicht zum Auspacken kommt. Man muss auch nicht einpacken.

Auf Wiedersehen, Griechenland.

***Aktivierung: Welcher Koffer spricht etwas in mir an?***
*Bringen Sie mehrere Handtaschen, Taschen, Körbe und Koffer mit. Sie dürfen ruhig verschieden sein. Mit unterschiedlichen Schnallen und Griffen, in abwechslungsreichen Farben und Größen.*

***Gesprächsimpuls dazu:***
*Welcher Koffer oder welche Tasche gefällt mir am besten? Was regt Erinnerungen an? Habe ich früher vielleicht eine ähnliche Tasche besessen?*

***Varianten:***
*Bringen Sie gemeinsam eine Ordnung hinein. Sortieren Sie: Koffer zu Koffer, Korb zu Korb, Tasche zu Tasche. Oder nach Farben.*

***In der Gruppe:***
*Lassen Sie die Behältnisse einzeln herumgeben und betrachten Sie sie.*

## Leichtes Gepäck

Herr Pohlmann ist auf der Durchreise. Er will eine Nacht im Kloster schlafen. In der Hand trägt Herr Pohlmann einen kleinen Koffer. Der Orden ist dafür bekannt, dass die Mönche bescheiden leben.

Bruder Josef führt Herrn Pohlmann durch das Kloster. Seine Stimme hallt in den hohen Gängen.

„Hier ist der Speisesaal und da geht es zur Kapelle."

Dann führt Bruder Josef den Besucher hinaus ins Freie. Es duftet nach Myrrhe, Rosen und Königskerzen. „Das ist unser Garten. Dort drüben plätschert der Brunnen."

Herr Pohlmann atmet tief ein und aus. „Mir gefällt es hier. Alles ist überschaubar."

Bruder Josef lächelt. „Dann hoffe ich, dass Sie sich bei uns wohlfühlen."

Herr Pohlmann wiegt den Kopf hin und her. „Gestatten Sie mir eine Frage: Im Kloster hat alles so leer gewirkt. Wo haben Sie denn Ihre Möbel?"

Bruder Josef kratzt sich am Kopf. Dann schaut er Herrn Pohlmann an: „Gestatten Sie mir auch eine Frage: Wo haben Sie denn Ihre Möbel?"

Herr Pohlmann schüttelt den Kopf. „Ich brauche doch unterwegs keine Möbel. Ich bin hier nur auf der Durchreise."

Bruder Josef lächelt. „Sehen Sie. So geht es uns Mönchen auch. Wir sind auf dieser Welt auch nur auf der Durchreise."

***Aktivierung mit Bildern:***
*Bringen Sie Bilder mit, die an ein Kloster bzw. religiöses Leben erinnern, etwa Bilder von einem Mönch, Kreuz, Gängen im Kloster. Legen Sie diese auf dem Tisch oder Boden aus.*

***Gesprächsimpuls:***
*Wie sieht es auf Ihrem Speicher / in Ihrem Keller aus? Haben Sie alles gesammelt und aufbewahrt? Oder haben Sie eher gerne entrümpelt und sortiert?*

# Die Sandburg

Es war im Jahr 1954, als Helga ein kleines Mädchen war. Mit ihren Eltern fuhr sie an die Nordsee. Dort zelteten sie. An diesen Urlaub kann sich Helga bis heute erinnern.

Am Strand bauten sie damals nämlich eine Sandburg. Oh, war die schön! Das Mädchen im Zelt nebenan hieß Monika. Zu zweit schleppten die Mädchen einen Eimer nach dem anderen heran und formten die Mauern. Rund um die Burg hoben sie einen Graben aus. Dann formten sie sieben runde Türme. Monika hob den Zeigefinger. „Jede Burg muss sieben Türme haben. Damit man alle Feinde schon früh sehen kann.“ Dann bauten sie eine Zugbrücke aus Sand. Endlich war ihr Kunstwerk fertig. Nie zuvor hatte Helga eine so schöne Sandburg gesehen.

Etwas später schnitt der Vater an einem Lagerfeuer am Strand die Würste für den Grill an. Der Campingtisch wackelte dabei. Und es brutzelte, als sie die Würste am Spieß über dem Lagerfeuer grillten. Fett tropfte auf die Glut. Es zischte. Der Rauch brannte ihnen in den Augen. Der Vater sagte: „Mmmh. Die Wurst schmeckt nirgends so lecker wie im Urlaub.“ Und am nächsten Tag rochen alle Kleidungsstücke nach Lagerfeuer.

Und dann kann sich Helga noch an einen besonderen Augenblick im Urlaub erinnern: Es war am 4. Juli 1954. Das war ein Jubeln und Johlen. Die Erwachsenen schrien: „Hurra! Wir haben gewonnen.“ Überall lagen sie sich in den Armen. Was war passiert? Wie Helga bald erfuhr, war Deutschland Weltmeister im Fußball geworden! Zum ersten Mal nach dem Krieg. Das war ein schönes Gefühl. Am Strand rannten alle durcheinander – Helga hatte Angst, dass sie die Sandburg zertrampelten. Die Menschen fielen sich in die Arme und tanzten im Kreis ums Feuer. Das war ein Sieg, über den die Menschen noch Jahrzehnte später geredet haben.

Aber eines beeindruckte Helga in diesem Sommer noch mehr als die Fußball-Weltmeisterschaft und die gegrillten Würste: ihre Sandburg. Ihr Leben lang hat sie das Bild von der Sandburg und die Erinnerung an ihre Urlaubsfreundin Monika in ihrem Herzen herumgetragen.

***Fußball spielen:***
*Spielen Sie sich gegenseitig einen Fußball zu. In der Gruppe können Sie dazu im Kreis sitzen und den Ball rollen. Sie können den Ball auch werfen.*

## *Ein Wanderschuh erzählt*

Ich bin El Trampelo. Ich bin ein Wanderschuh. Und ich rieche nach Leder. Vorne hat sich meine Naht schon öfter gelöst. Dann guckt der große Zeh raus. Und es zieht ein wenig kalte Luft hinein.

Mein Besitzer Bertold bringt es aber nicht übers Herz,

mich wegzuwerfen. Nein, er hat mich gerne an seinem Fuß. Also bringt er mich immer wieder zum Schuster. Das macht mir nicht so viel Spaß. Denn der sticht mich stets mit seiner spitzen Nadel – und zieht eine neue Naht durch mich. Ich bin jedes Mal froh, wenn das wieder vorbei ist.

Mit Bertold habe ich schon so manche Abenteuer erlebt. Immer wieder sonntags hat er mich an seine Füße geschnürt. Dann ging es raus in die Natur. Raus aus der Stadt, an den See und auf die Berge. Bertolds Frau Bettina und seine Kinder waren auch oft dabei. Wenn die dabei waren, ging es mir gut. Denn Bettina sagte dann immer: „Komm. Jetzt machen wir Pause. Ich habe was zum Essen dabei." Dann packte Bettina aus: Eine Picknick-Decke. Darauf kamen gekochte Eier und Brot, Wurst und Käse. Und ein Stück Zopf für jeden.

Wenn Bertold dann richtig gemütlich wurde, hat er mich, den Wanderschuh El Trampelo, ausgezogen und an die Seite gestellt. Dann hat Bertold seine Füße hochgelegt. Puuh, die stinken vielleicht. Manchmal hängt Bertold seine Füße auch in den Bach. Ja, so ruhig ging es zu. Jedenfalls, wenn Bertold seine Frau und die Kinder dabei hatte.

Ganz anders war es, wenn Bertold mit seinen Freunden unterwegs war. Dann sind wir hoch hinauf auf einen Berg gestiegen. Und manchmal sagte einer der Freunde: „Kommt, wir machen noch eine Extrarunde." Meistens wanderten wir dann noch mal viele Meter.

Auf diesen langen Touren dachte ich oft: Ein Wanderschuh hat's auch nicht immer einfach. Da geht es über Stock und Stein, durch Wald und Gras. Hätte der Schuster damals einen Hausschuh aus mir gemacht – wie viel bequemer wäre mein Leben geworden. Aber eigentlich bin ich froh, dass ich der bin, der ich bin: Wanderschuh El Trampelo. Da erlebe ich immer wieder neue Abenteuer.

***Aktivierung:***

*Auf einer Wanderung macht das Singen Spaß. Hier einige Lieder, die Sie zusammen ergänzen und singen können:*

*Brüderchen, kommt tanz mit mir, beide Hände reich ich … dir*
*Froh zu sein bedarf es wenig und wer froh ist, ist ein … König*
*Guten Abend, gute Nacht, mit Rosen be- … dacht*
*Wochenend' und Sonnenschein und dann mit dir im Wald … allein*
*Suse, liebe Suse, was raschelt im … Stroh?*
*O Schwarzwald, o Heimat, wie bist du so … schön*
*Ein Männlein steht im … Walde*
*Die Gedanken sind … frei*
*Es klappert die Mühle am rauschenden … Bach*
*Kuckuck, Kuckuck, ruft's aus dem … Wald*
*Alle Vögel sind schon … da*
*Wann wird's mal wieder richtig … Sommer*
*Freut euch des … Lebens*

# *Klaus packt aus*

***Tipp:** Stoßen Sie einige Erinnerungen an: Was haben Sie früher als Vesper oder Pausenimbiss mitgenommen? Was hatten Sie zur Arbeit, auf Reisen oder beim Wandern dabei?*

Klaus hat seinen Rucksack gepackt. Er will zusammen mit seinen Freunden eine Wanderung machen. Am Morgen schnürt er die Wanderschuhe und streicht sein kariertes Hemd zurecht. Dann zieht er die Hosenträger straff. Er greift nach dem Rucksack – und dann nichts wie los. Seine Freunde warten schon.

Die Wanderer atmen tief ein und aus. „In der Natur fühle ich mich wohl." Klaus sieht das weite Tal. Die Wiese duftet. Kühe grasen, Kuhglocken läuten.

Nachdem die Freunde eine Weile marschiert sind, setzen sie sich am Waldrand auf Baumstümpfe oder Steine. Einer legt sich auf die Wiese. Endlich Mittagspause!

Klaus öffnet seinen Rucksack. „Jetzt packe ich aus." Er ist froh um alles, was er hat. Da fällt ihm ein Dankgebet ein, das er als Kind oft gesprochen hat:

Jedes Tierlein hat sein Essen,
jede Blume trinkt von dir,
hast auch unser nicht vergessen,
lieber Gott, wir danken dir.

Klaus packt sein Schinkenbrot und ein gekochtes Ei aus. Langsam kaut er. „Schinken schmeckt lecker“, murmelt Klaus. Dann öffnet er eine Dose Cola. Es zischt. Danach zieht Klaus einen Apfel aus seinem Rucksack. Er beißt hinein. Der Apfel ist saftig, ein paar Tropfen spritzen auf sein kariertes Hemd. Danach räumt Klaus allen Abfall zusammen und packt ihn ein: das Brotpapier, die leere Dose und die Vespertüte.

Klaus legt sich auf den Rücken und schaut in den blauen Himmel. Am liebsten würde er jetzt einen Mittagsschlaf halten. Aber sie wollen ja noch weiter!

„Auf geht's!“, ruft einer der Freunde.

Als Klaus seinen Rucksack wieder aufzieht, sagt er: „Jetzt macht das Wandern noch mehr Spaß. Mein Rucksack ist viel leichter.“

# Hund, Ziege, Papagei

## *Polly, der Papagei*

***Tipp:** Versuchen Sie doch einmal, wie der Papagei Tierstimmen nachzuahmen. Vielleicht macht das Ihrem Zuhörer auch Spaß.*

Polly ist ein Papagei. Er hat rote Federn, aber die Flügel sind gelb und blau gestreift. Im Sommer steht der Käfig mit dem Papagei auf dem Balkon.

Was tut ein Papagei den lieben langen Tag? Ganz einfach: Polly macht Vogelstimmen nach. Er pfeift wie die Meisen oder tschilpt wie die Spatzen. Aber Polly macht auch noch andere Tiere nach: Der Papagei miaut wie eine Katze und er bellt wie ein Hund. Das hört sich beinahe echt an.

Nachbars Katze Luna fällt jedes Mal drauf rein. Da miaut der Papagei wie eine Katze: „Miaaau."

Schon rennt Luna herbei. Sie streicht um den Balkon. Dann klettert sie hinauf. Luna sieht den Papagei im Käfig – und schleicht sich geduckt heran.

Eigentlich müsste Polly jetzt Angst bekommen. Aber der Papagei fängt an zu bellen: „Wau, wau, wau." Und er knurrt: „Grrrh." Die Katze zieht ihren Kopf ein und macht einen Buckel. Dann macht sie einen Satz – und springt vom Balkon.

Der Papagei ruft ihr hinterher: „Geh doch dorthin, wo der Pfeffer wächst. Wau. Wau."

## *Jerry und Strolchi*

***Tipp:*** *Bringen Sie Bilder von Hunden oder sonstigen Lieblingstieren des Zuhörers mit. Auch ein Stofftier oder Fell, das man während des Vorlesens streichelt, kann Erinnerungen wecken und Geborgenheit schenken.*

Jerry war ein besonderer Hund. Ein Mischling zwischen einem Rottweiler und einem Schäferhund. Er hatte braune Haare und seine vordere rechte Pfote war weiß. Meistens saß Jerry vor dem Haus von seinem Frauchen Amelie Hubendobler. Eigentlich war Jerry ein lieber Hund. Aber er hatte auch seine Launen. Zum Beispiel beim Essen. Denn manchmal aß er sein Futter nicht leer.

Frau Hubendobler probierte alle möglichen Tricks, damit Jerry sein Trockenfutter fraß. Sie schmunzelte und murmelte: „Ich mische dir mal ein wenig Fleischbrühe unter." Aber: ohne Erfolg. Das Futter duftete lecker, aber Jerry fraß es nicht. Er leckte nur ein paarmal an der Brühe – und ließ das Trockenfutter links liegen.

Da sagte Amelie Hubendobler: „Noch ist nicht aller Tage Abend. Jetzt nehme ich kleine Speckstücke und mischte sie unter das Futter." Das Ergebnis: Jerry langte mit seiner weißen Pfote in den Napf und schleckte die Speckstücke heraus.

Amelie Hubendobler schüttelte den Kopf: „Da ist guter Rat teuer. Mir fällt nichts mehr ein."

Aber dann kam ein unerwarteter Helfer: Strolchi. Strolchi war ein Dackel. Er gehörte dem Bauern einige Straßen weiter und er streunte immer durch den Ort.

Strolchi und Jerry mochten sich gut leiden. Wenn Strolchi vorbeikam, rannte Jerry immer zu ihm hin. Und dann tollten sie durch den Hof und sprangen hintereinander her.

Aber an einem Tag passierte etwas Erstaunliches: Strolchi und Jerry verfolgten einander. Sie sprangen über den Hof. Dann wurden sie müde. Sie blieben beide stehen, um tief durchzuatmen. Jerry schnaufte noch angestrengt. Plötzlich ging Strolchi hinüber zu Jerrys Napf und begann, einige Happen davon zu fressen.

Da wurde Jerry zornig. Eine große Falte stellte sich zwischen seinen Augen auf. Jerry bellte laut. „Das ist mein Futter!", sollte das wohl heißen.

Strolchi bekam einen Schreck und rannte fort. Sofort ging Jerry zu seinem Napf und fraß alles auf einmal leer. Sein Frauchen, Amelie Hubendobler, amüsierte sich prächtig, als sie das sah.

# *Ein Dackel namens Tölpel*

***Tipp:** Bringen Sie einen „Wackeldackel", einen Hund aus Plüsch zum Streicheln oder das Bild eines Hundes mit.*

Frau Hansen hatte einen Dackel, der hieß Tölpel. Tölpel hatte große Pfoten und ein braunes Fell – und einen weißen Fleck auf seiner Brust. Der Name Tölpel passte sehr gut. Denn der Hund war manchmal etwas tollpatschig.

Manchmal stolperte Tölpel über seine eigenen Füße. Oder er holte Frau Hansens Wäsche aus dem Wäschekorb und verteilte sie in der Wohnung. Einmal schnüffelte er in einem Loch in der Wand und blieb mit dem Kopf darin stecken. Also: Tölpel trug seinen Namen zurecht.

Eines Tages musste Frau Hansen in ein Pflegeheim umziehen. Sie murmelte vor sich hin: „Ich mag meinen Tölpel. Und ich will ihn niemals hergeben." Der Heimleiter hatte nämlich den Zeigefinger erhoben: „Tiere dürfen bei uns nicht einziehen." Aber Frau Hansen hatte eine Idee. Sie flüsterte ihrem Dackel zu: „Pass auf, Tölpel. Ich packe dich mit in meinen Koffer. Du musst ganz leise sein. Dann schmuggle ich dich in mein Zimmer." Und so geschah es.

Frau Hansen zog in das Pflegeheim. Sie öffnete den Koffer und zischte: „Pssst … Tölpel, pssst!" Die Tür von Frau Hansens Zimmer ging direkt in den Garten.

Da konnte Tölpel sein Geschäft erledigen. Und abends brachte sie ihm aus dem Speisesaal immer Reste vom Essen mit. Sie legte eine Decke unter ihr Bett. Darauf konnte der Hund schlafen. Nachts schlief Frau Hansen selig. Nur manchmal wachte sie auf, wenn Tölpel schnarchte oder sich kratzte. Dann wackelte ihr Bett. Aber sie schlief rasch wieder ein. Sie wusste ja: Mein Tölpel ist immer noch da.

Einige Tage bemerkte niemand den Dackel. So hätte es weiter gehen können. Und Frau Hansen und Tölpel wären glücklich gewesen bis an ihr Lebensende. Aber eines Nachts passierte etwas. Eine Schwester öffnete die Tür und schaute ins Zimmer von Frau Hansen. Wie jede Nacht.

Tölpel schlief wie immer auf der Decke unter dem Bett. Die Tür knackte. Tölpel schreckte hoch. Er bellte laut. Die Schwester zuckte zusammen: „Was ist denn hier los?"

Am nächsten Tag musste Frau Hansen zum Heimleiter. Sie befürchtete schon, dass Tölpel jetzt fortgeschickt würde. Aber der Heimleiter schmunzelte: „Frau Hansen, wir machen einen Versuch: Der Hund bleibt bei Ihnen. Mein Sohn soll jeden Tag mit ihrem Tölpel spazieren gehen – er wünscht sich sowieso einen Hund."

Frau Hansen seufzte erleichtert auf. Tölpel durfte bei ihr bleiben. Und auch Tölpel war glücklich, dass er wieder spazieren gehen durfte! Die beiden lebten glücklich zusammen im Pflegeheim.

## *Der Spitzbart von Pfarrer Erhard*

*Tipp: Unterhalten Sie sich darüber, wer im Familienkreis einen Bart hatte. War es ein Spitzbart, ein Oberlippenbart, ein Schnauzbart ...?*

Pfarrer Erhard stand in der Kirche. Er sagte: „Im Namen des Vaters, des Sohnes und des Heiligen Geistes." Der Pfarrer hatte einen langen weißen Bart. Er spielte damit herum, wickelte ihn hin und her um seinen rechten Zeigefinger.

Im Licht, das durch die Kirchenfenster fiel, schimmerte der Bart in allen Farben.

Der Pfarrer sagte: „Wort des lebendigen Gottes." Damit kam er zur Predigt. Er stand auf der Kanzel und seine Worte hallten durch die ganze Kirche.

In der ersten Reihe saß eine Frau. Sie hatte graue Haare. Ihre Haut war von der Sonne gebräunt. Der Frau kullerten Tränen über die Wangen. Sie nahm ihr Taschentuch und wischte die Tränen beiseite. Der Pfarrer predigte weiter.

Bald nahm die Frau wieder ihr Taschentuch. Sie schnäuzte sich.

Nach dem Gottesdienst ging der Pfarrer auf die Frau zu. Er lächelte sie an: „Sie haben geweint. Darf ich fragen, was Sie in meiner Predigt so berührt hat?"

Da schluchzte die Frau: „Ich musste an meine Ziege denken, die Lisi. Ach, meine liebe Lisi ist letzte Woche gestorben. Und als ich Ihren weißen Bart sah, Herr Pfarrer, da musste ich immer an meine Ziege denken."

Die Frau nahm noch einmal ihr Taschentuch und schnäuzte sich.

## *Wie die Tiere übereinander reden*

***Tipp:** Nennen Sie abwechselnd Tiernamen: Welche Tiere gibt es? Hund, Katze, Maus, Esel, Adler, Pinguin, Floh, Goldfisch …*

Die Tiere haben sich unterhalten. Jedes Tier sagte etwas über das andere.

Der Fuchs schimpfte über den Hasen: „Der Hase hat lange Ohren. Und er kann nicht einmal geradeaus rennen. Immer schlägt er Haken."

Der Hund lästerte über die Katze: „Die putzt sich dauernd. Und sie schleicht so verstohlen umher. Die Katze führt immer was im Schilde."

Die Ente gackerte über den Schwan: „Der hat einen langen Hals. Und wenn er sich aufregt, wird es gefährlich."

Die Maus beschwert sich über das Schwein: „Das Schwein ist so dick. Es stinkt. Und immer grunzt es vor sich hin."

Der Elefant schüttelte den Kopf, weil ihn die Fliege

kitzelte. „Die Fliege ist so klein. Außerdem fliegt sie immer umher. Sie hockt mal hier und mal dort."

Die Kuh muhte über den Igel: „Der hat so viele Stacheln. Und er ist so schüchtern. Immer versteckt er sich."

Da stampfte der Esel auf den Boden. „Hört auf! Jeder ist einzigartig. Warum schimpfen wir denn immer übereinander?"

Da brummte der Bär: „Hoffentlich haben die Menschen das auch verstanden. Es lebt sich doch viel friedlicher, wenn man einander in Ruhe lässt."

## *Ochse und Esel unterhalten sich*

***Tipp:*** *Noch lebendiger wird es, wenn Sie diese Geschichte zu zweit vorlesen. Einer übernimmt die Rolle des Ochsen, der andere die des Esels. Falls möglich, bringen Sie Krippenfiguren von Ochse und Esel mit.*

Neulich, im Stall von Bethlehem. Da war was los!

Der Esel gähnte. „Da standen zwei, eine Frau und ein Mann. Wie hießen sie bloß noch mal?"

„Maria und Josef", erklärte der Ochse. „Sie waren wegen dieser Volkszählung da. Wie auch die vielen anderen Leute. Dann bekam die Frau auch noch ein Kind. Was für eine Nacht, ich habe kein Auge zugetan!"

Der Esel kaute vor sich hin. „Ich erinnere mich. Sie

haben den Burschen Jesus genannt. Retter heißt das. Die Menschen sagen, er sei Gottes Sohn."

Der Ochse wandte den Kopf zum Esel. „Darum sind auch die Hirten gekommen. Ihnen war ein Engel erschienen. Der hatte ihnen gesagt: Euch ist heute der Heiland geboren ... Christus, der Herr."

Da bekam der Esel eine lange Falte auf der Stirn. „Und dann platzten die Weisen herein. Sie sagten, sie seien einem Stern gefolgt. Und sie hatten Geschenke dabei. Gold, Weihrauch und Myrrhe. Das legten sie vor den Knaben."

Der Ochse schaute auf die Krippe. Inzwischen war diese wieder leer. „Jetzt sind sie weitergezogen. Dann können wir hoffen, dass wir heute Nacht gut schlafen können."

Der Esel gähnte. „Na ja. Das liegt ganz an dir. Wenn du nicht wieder so laut schnarchst, du Ochse."

*Redensarten mit Tieren:*
Er steht da wie der Ochse vor dem ... Berg.
Besser den Spatz in der Hand als die Taube auf dem ... Dach.
Eine Krähe hackt der anderen kein Auge ... aus.
Er hat Augen wie ein ... Luchs.

# *Weihnachten mit dem Esel*

***Tipp:*** *Das ganze Gedicht an einem Stück wird zu lange zum Vorlesen sein. Verteilen Sie es zum Beispiel auf den ganzen Heiligabend. Deshalb wurde es hier in mehrere Teile gegliedert. Bewährt hat es sich, zwischen den einzelnen Teilen Liedverse zu singen. Wenn Sie die verschiedenen Teile vortragen, können Sie sich auch auf Figuren in der Weihnachtskrippe beziehen und diese dabei in die Hand nehmen.*

Der Esel gähnte um halb acht
und sagte dann noch: „Gute Nacht."
Er schaute rüber zu der Kuh.
Die gähnte auch und sagte: „Muh."
Doch plötzlich wurden beide wach:
„Wer macht da draußen so viel Krach?"
Eine Stimme rief mit lautem Schall:
„Meinetwegen! Schlaft ihr halt im Stall."
Da ging auch schon die Türe auf
und die Geschichte nahm so ihren Lauf.
Die Tür ging auf und sie ging zu
und schon war's vorbei mit der nächtlichen Ruh.
Da standen sie nun – es waren zwei Personen,
die wollten beim Esel im Stalle wohnen.
Der Mann, der war ein Kerl vom Land,
er hatte Schwielen an seiner Hand.
Eine Frau dabei hatte er auch,

sie hatte einen ganz runden Bauch.
Dass die Frau vor ihm hochschwanger war,
das war auch dem Esel sonnenklar.

Eine Weile der Esel hörte,
wer da wohl seine Ruhe störte.
Ihm war es nicht mehr geheuer.
Die zwei waren hier nur wegen der Steuer.
Maria wurde diese Frau genannt
und Josef hieß der Mann vom Land.
Aus Nazareth kamen sie angehetzt,
denn das Land Israel war ja besetzt.
Um die Zahlkraft besser einzustufen,
wurden alle heimgerufen.
Alsbald die runde Frau und der Mann
kamen also in Bethlehem an.
Menschenmassen machten es schlimmer.
Nirgends gab's für die Leute ein Zimmer.
Zum Buchen war zu diesen Stunden
ja noch kein Telefon erfunden.
An diesem Abend in Bethlehem
machten im Stall die Leute sich's bequem.
Der Esel wollte nicht gleich streiten,
sondern machte Platz beizeiten.

Der Esel sagte sich: Nach vielen Stunden
haben sie Unterschlupf gefunden.
Jetzt decken sie sich bestimmt gleich zu,
schlafen ein und geben Ruh.

Doch da hat der Esel falsch gedacht.
Es war nämlich eine besondere Nacht.
Mitternacht war's. Dann eins. Dann zwei.
Und plötzlich war die Nacht vorbei.
Mitten in der dunklen Kammer
hörte man plötzlich lautes Gejammer.
„Josef“, rief die Frau, „jetzt wird es Zeit!
Die Geburt kommt. Es ist so weit!“
Bald kam das Kind, ihr ahnt es schon:
Maria hatte einen Sohn.
Der Esel dachte: Einerlei,
die Ruhe ist ja doch vorbei.
Jetzt legen sie das Babylein
auch noch in meine Krippe hinein.
Vater und Mutter und das Kind.
Die machten ganz schön Lärm und Wind.

Ruhe! O welche Empörung!
Schon wieder gab es eine Störung.
An der Stalltür machte es laut: „Klopf-klopf“
und Josef streckte heraus den Kopf.
Er fragte: „Hallo, wollt ihr zu mir?
Wir sind aber doch gar nicht von hier.
Wir kamen mit verschwitzten Ohren.
Da wurde uns der Sprössling geboren.“
Ein Hirte sprach: „Wir wolln nicht zu dir,
nur wegen dem Kleinen sind wir hier.
Ein Engel ist uns auf dem Feld erschienen
und sagte: ‚Jesus wird euch versöhnen.

Freut euch alle. Freuet euch sehr!
Euch ist geboren Christus, der Herr.
Er kommt für die Guten und für die Bösen.
Soll alle von der Schuld erlösen.'"

Als die Hirten endlich weiterzogen,
drei weise Männer um die Ecke bogen.
Zuerst sah man nur ihre Schatten,
dann, dass sie Geschenke bei sich hatten.
Sie kamen in den Stall geschwind
und knieten sich nieder vor das Kind.
Sie sagten: „Wir beten dich an als den König.
Unsre Geschenke sind viel zu wenig."
Einer meinte: „Dir, liebes Kind,
mein Gold schenke ich hier geschwind."
Gold ist nämlich sehr viel wert
und bedeutet: Der König sei geehrt.
Der Nächste wollte vor ihn treten
und das Kind in der Krippe anbeten.
„Ich schenk dir Weihrauch, nicht zu wenig.
Du, Jesus, sei nun auch mein König!"
Ein dritter Weiser eilte herbei
und sagte: „Ich habe Myrrhe dabei.
Myrrhe ist wertvoll, es heilt kranke Wunden.
So heilen auch Herzen, die Gott gefunden."
Die Weisen waren glücklich und froh –
Maria und Josef ebenso.

Und der Esel wackelte mit den Ohren:
„Was haben all die Leute hier verloren?
Die gehören hier doch gar nicht hin.
Wie gut, dass ich so geduldig bin.“
Aber er hat sich doch sehr klug verhalten,
machte Platz für mancherlei Gestalten.
Zuallererst für Jesus Christ,
der unser Herr und Heiland ist.
Von diesem Esel in seinem Stall
können wir etwas lernen auf jeden Fall:
Wenn Jesus vor der Herzenstür steht,
wartet er geduldig, ob das Tor aufgeht.
Und jedem bleibt es dann selbst überlassen,
Jesus in sein Leben hineinzulassen.

# Viel Grund zum Danken

## *Ich zähle täglich meine Knöpfe*

***Tipp:*** *Bringen Sie einige Knöpfe mit. Betrachten Sie diese gemeinsam. Tasten Sie daran. Zählen Sie auf, wofür Sie dankbar sind – oder fragen Sie Ihren Zuhörer, wofür er dankbar ist.*

Jeden Abend sagt Frau Keller: „Autsch. Mir tut mein Hintern weh.“ Und dann lacht sie.

Aber nein, sie lacht nicht, weil ihr der Hintern wehtut.

Es ist ganz anders: Morgens packt Frau Keller immer eine Hand voller Knöpfe in ihre Jackentasche. Dann gibt es diese Momente, in denen sie besonders glücklich ist. Augenblicke, in denen sie Danke sagen möchte, dass sie sich freuen kann.

Zum Beispiel, wenn Frau Keller bewusst wird, dass sie in der letzten Woche nie gestürzt ist.

Aber auch, wenn die Nachbarin freundlich ruft: „Guten Morgen, Frau Keller.“

Oder wenn ihr ihre Freundin eine frische Gurke aus dem Garten schenkt.

Dann ist Frau Keller dankbar und nimmt jedes Mal einen Knopf aus ihrer Jacke. Den steckt sie in die Tasche an ihrem Gesäß. Und Frau Keller findet viele Gründe, sich zu freuen. Wenn der Briefträger sie anlächelt. Wenn die Schmerzen in ihrem Rücken nachlassen. Und wenn ihr der junge Mann von nebenan die Tür aufhält. Darum hat sie abends auch immer viele Knöpfe in der Hosentasche. Jeden Tag.

Aha. Deshalb tut ihr am Abend der Hintern weh. Dann sagt sie: „Danke – ich habe viele Gründe zum Danke sagen." Deshalb lacht Frau Keller abends immer, wenn sie die vielen Knöpfe aus der Tasche räumt. Bei jedem Knopf erinnert sich Frau Keller noch einmal daran, wofür sie heute dankbar war.

Dann legt sie die Knöpfe für den nächsten Tag bereit. Denn auch da will sie wieder dankbar sein. Den ganzen Tag.

***Weitere Tipps:***
*Rund um das Thema Knöpfe: Bringen Sie möglichst viele verschiedene Knöpfe mit und breiten Sie sie auf dem Tisch aus. Schauen Sie diese gemeinsam an. Tasten Sie daran. Überlegen Sie: Zu welchen Kleidungsstücken passen diese Knöpfe?*

*Zählen Sie auf: Wofür kann ich heute dankbar sein? Ein paar Beispiele: Die Sonne strahlt. Es gibt mein Lieblingsessen. Ich habe Besuch bekommen. Vorhin habe ich mich an etwas Schönes erinnert. Ich habe ein Dach über dem Kopf. Mir hat jemand eine Geschichte vorgelesen …*

## *Der Tag erwacht nach der Nacht*

***Tipp:** Dies ist eine Geschichte für alle Sinne. Machen Sie die Bewegungen gemeinsam mit. Regen Sie die Sinne an, indem Sie an Kaffee riechen und mit einer Zeitung rascheln. Sie können diese Geschichte vor oder nach dem Frühstück vorlesen und zugleich nach Essgewohnheiten fragen.*

Herr Fischer räkelt sich im Bett. Vorhin hat er die ersten Geräusche des Tages gehört. Die Zeitungsfrau hat die Zeitung durch den Briefschlitz geschoben. Die Vögel haben angefangen zu zwitschern. Dann dreht Herr Fischer sich noch mal herum. Er spürt die flauschige Decke und murmelt: „In meinem Bett ist es schön warm."

Bald hört er ein neues Geräusch. Es gluckert leise. Der Duft von Kaffee zieht um seine Nase. Herr Fischer hat nämlich die Kaffeemaschine mit einer Zeitschaltuhr verbunden. Wenn er den Kaffee riecht, denkt er: „Da stehe ich gleich viel lieber auf."

Er setzt sich auf die Bettkante und streckt sich. Bald steht er auf und macht eine Kniebeuge. Die Knochen knacken. Dann wird es besser. Noch einmal zwei Kniebeugen. Schon kann der Tag starten.

Herr Fischer geht in die Küche und schmiert Honig auf sein Frühstücksbrot. Er beißt in das Brot. „Schmeckt das gut. Schön süß." Der Geschmack breitet sich in seinem Mund aus.

Er öffnet die Haustür. Ein eisiger Wind weht ihm ins Gesicht. Rasch zieht Herr Fischer die Zeitung aus dem Briefkasten und schließt die Tür wieder.

Zurück in der Küche setzt er sich an den Tisch und blättert in der Zeitung. „Was gibt's Neues?“, fragt er. Der Geruch von Druckerschwärze mischt sich mit dem Kaffeearoma in der Luft.

Herr Fischer gießt etwas Milch in den Kaffee. „Sehr schön“, sagt er. Der schwarze Kaffee vermischt sich mit der weißen Milch. Herr Fischer nimmt einen Schluck Kaffee und fährt sich mit der Zunge über die Lippen.

Er atmet tief durch und lächelt: „Auch wenn ich etwas länger geschlafen habe – es stimmt trotzdem: Morgenstund hat Gold im Mund.“

## *Jeder Tag steckt voller Geschenke*

***Tipp:** Sind die aufgezählten Geschenke zu viel zum Vorlesen, streichen Sie einige. Oder nennen Sie einige Geschenke, die besser zum Leben Ihres Zuhörers passen.*

Agnes packt einen Blumenstrauß in eine Folie. Die Rosen riechen zart. Die Folie knistert. Mit dem Strauß geht Agnes zu ihrer Nachbarin. „Guten Tag, Frau Bollmann. Den schenke ich Ihnen.“ Sie reicht ihr den Strauß.

Frau Bollmann runzelt die Stirn. „Danke. Ich habe schon lange nichts mehr geschenkt bekommen."

Auf dem Weg nach Hause murmelt Agnes: „Schade, wenn jemand so lange nichts geschenkt bekommt. Aber halt: Das stimmt doch gar nicht. Wir bekommen jeden Tag so viel geschenkt! Ich bin in meinem ganzen Leben reich beschenkt worden:

Meine Eltern haben mir den Weg ins Leben gezeigt.

Meine Wohnung ist ein Ort, wo ich mich gern aufhalte.

Meine beste Freundin kann ich immer anrufen.

Die Schwester vom Pflegedienst wickelt mir jeden Tag den Verband am Fuß.

Luft zum Atmen bekomme ich immer genug.

Die Blumen duften so frisch.

Der blaue Himmel macht mir Freude.

Meine Tomaten auf dem Balkon gedeihen wunderbar."

Agnes holt tief Luft. Dann sagt sie: „Ich kann dankbar sein. Jeder Tag ist voller Geschenke. Man muss nur die Augen aufmachen, dass man sie nicht übersieht. Ich werde Frau Bollmann einmal erzählen, wie dankbar ich für all das bin. Vielleicht wird sie dann ein bisschen zufriedener."

***Tipp:** Sprechen Sie über Geschenke im Alltag. Womit fühlt sich Ihr Zuhörer beschenkt?*

## *Frau Locke und die Glocke*

Frau Locke wohnt in Bunzelfingen. Das ist ein kleiner Ort am Waldrand. Mitten in Bunzelfingen steht eine Kirche. Im Turm hängt eine Glocke. Frau Locke liebt es, wenn die Glocke läutet. Als Kind hat ihr Vater zu ihr gesagt: „Immer wenn du die Glocke hörst, erinnere dich: Du hast viele Gründe, dankbar zu sein. Danke Gott dafür."

So hat sich Frau Locke angewöhnt: Wenn die Kirchturmuhr viermal schlägt, zählt Frau Locke vier Gründe auf, für die sie dankbar ist: „Ich bin dankbar für mein Dorf und das Brot, das ich essen darf. Für meine Nachbarn und den schönen Brunnen vor meiner Tür. Gott, ich danke dir."

Wenn die Turmuhr siebenmal schlägt, sucht sie nach sieben Gründen. Und wenn sie zwölfmal schlägt, fallen ihr zwölf Gründe ein, um dankbar zu sein. Frau Locke ist eine zufriedene und ausgeglichene Frau geworden, weil sie stets so viel gedankt hat.

Sollen wir das auch mal probieren? Wir können ja klein anfangen. Nehmen wir an, die Kirchturmuhr schlägt dreimal. Für welche drei Dinge bin ich dankbar? Vielleicht dafür:

Für das Glas Wein, das ich gestern Abend getrunken habe;

dass der Schnittlauch aus meinem Kräuterbeet so lecker schmeckt;

dass ich schon lange aufgehört habe mit Rauchen. Das ist gut für meine Gesundheit. Und das Essen schmeckt mir seither auch wieder besser. Da atme ich gleich dreimal tief ein und aus.

***Tipp:** Welche Uhrzeit ist zur nächsten vollen Stunde? Fallen Ihnen gemeinsam so viele Gründe zum Danken ein? Nennen Sie zuerst einen Grund. Ermuntern Sie Ihr Gegenüber, auch etwas zu nennen. Wenn die Pause zu lang wird, sagen Sie wieder etwas.*

## *Ein zufriedenes neues Jahr*

***Tipp:** Lesen Sie diese Geschichte am Jahresende vor, während Sie in der wohligen, warmen Stube sitzen.*

Anna war eine gemütliche alte Frau. An Silvester klingelte ihr Telefon. Ihre Schwester Luise war dran: „Anna, ich wünsche dir einen guten Rutsch ins neue Jahr. Und vor allem Gesundheit.“

Anna freute sich. „Vielen Dank, das wünsche ich dir auch. Aber warum wünschen sich eigentlich alle Leute Gesundheit?“

Luise holte Luft. „Das ist das Wichtigste. Oder willst du krank werden im neuen Jahr?“

Anna räusperte sich. „Nein, ich will auch gesund sein.

Quirlig wie ein Fisch im Wasser. Aber ich glaube, Gesundheit ist nicht das Wichtigste."

Darauf fragte Luise: „Aber was ist denn wichtiger als Gesundheit?"

„Zufriedenheit", sagte Anna.

Ihre Schwester wunderte sich. „Wie meinst du das?"

Anna seufzte: „Ganz einfach. Nimm nur deinen Nachbarn Herrn Knörz. Der hat die Gicht, er atmet schwer und er hat Schmerzen beim Gehen. Aber er ist zufrieden. Trotz seiner Krankheiten."

Luise stimmte zu: „Ja. Vielleicht hast du recht."

Anna fuhr fort: „Oder nimm die Frau Pimplowski, deine andere Nachbarin. Die schimpft den ganzen Tag. Obwohl sie gesund ist, ist sie immer unzufrieden."

Nach dem Gespräch legte Anna auf. Sie steckte ein Stück Holz in den Kachelofen. Es knackte und verbreitete eine wohlige Wärme in der Stube. Anna setzte sich auf die Ofenbank und genoss die Wärme. Sie streckte sich und summte:

„Froh zu sein bedarf es wenig,
und wer froh ist, ist ein König."

## *Man muss die Feste feiern, wie sie fallen*

*Tipp: Die Geschichte passt besonders bei sehr alten „Geburtstagskindern“. Sie können sie vor dem gemeinsamen Kaffee und Kuchen vorlesen.*

Josefine ist alt. Sehr alt. Vor ein paar Jahren ist sie schon 100 geworden. Und heute feiert sie wieder ihren Geburtstag. In den letzten Jahren benutzt sie öfter die Redensart: Je oller, je doller.

Ihre Tochter hat einen Kuchen gebacken. Eine Käsesahnetorte. Das ist Josefines Lieblingskuchen. Der Kaffeeduft zieht schon durch die ganze Wohnung. Josefine hat immer gerne Geburtstag gefeiert. Sie sagte stets: „Man muss die Feste feiern, wie sie fallen.“

Auch Josefines Nachbar ist zu Besuch: Herr Becher. Josefine begrüßt ihn: „Guten Tag, junger Mann.“

Herr Becher schmunzelt: „Allein darum besuche ich Sie so gerne, Frau Nachbarin. Es kommt kaum vor, dass mich jemand als jungen Mann bezeichnet. Ich bin ja auch schon 76.“

Daraufhin lacht Josefine: „Natürlich. Sie könnten ja mein Sohn sein.“

„Stimmt“, pflichtet ihr Herr Becher bei. „Aber jetzt hätte ich fast das Wichtigste vergessen. Liebe Josefine, ich gratuliere Ihnen. Sie werden ja heute 105 Jahre alt.“

Josefine reißt die Augen auf. Entsetzt schaut sie ihren Nachbarn an: „Aber nein, Herr Becher. Nicht 105.

Heute werde ich erst 104." Sie schüttelt den Kopf. Dann lächelt sie verschmitzt: „Machen Sie mich bloß nicht älter, als ich bin!"

Da müssen alle lachen.

***Tipp:** Fragen Sie Ihren Zuhörer nach früheren Geburtstagserlebnissen. Oder wecken Sie Erinnerungen, indem Sie ihm (z. B. mithilfe eines Fotoalbums) von früheren Geburtstagen erzählen.*

Was war Ihr schönstes Geburtstagsgeschenk?
Wo feiern Sie Ihren Geburtstag?
Wen laden Sie zu Ihrem Geburtstag ein?

## *Besser gut gelaufen als schlecht gefahren*

***Tipp:** Hier bieten sich die Themen Autofahren, Führerscheinprüfung oder Fahrschule an. Je nachdem, wie sich Ihr Gegenüber einbringen kann, ermuntern Sie zum Erzählen – oder Sie steuern selbst einige Anekdoten bei.*

„Dottore Alberto Talenti. Medico Chirurgo." So steht es an seiner Tür. Auf Deutsch: „Doktor Alberto Talenti. Chirurg." Der alte Italiener mit den weißen Haaren arbeitet zwar nicht mehr als Arzt. Aber das Schild an seiner Tür hat er noch nicht entfernt.

Alberto lebt schon lange in Deutschland. Er ist ein rasanter Autofahrer, obwohl er nur einen alten Fiat hat. Öfter schmunzeln seine Patienten: „Der fährt aber einen heißen Reifen." Oder auch: „Der Doktor fährt schnell wie die Feuerwehr."

Wieder braust Dottore Talenti mit seinem klapprigen Fiat durch die Dörfer. Wieder stinkt es nach Benzin. Eine dicke Rußwolke folgt dem Wagen. Und wieder hat der Dottore es eilig. Also prescht er ziemlich schnell voran. Eine Frau im Nachbardorf schüttelt nur den Kopf: „Mannomann, von Verkehrsregeln hat der wohl noch nie was gehört. Der hat seinen Führerschein wohl im Lotto gewonnen!"

Und dann passiert es. Ein Fußball rollt auf die Straße. Ein Kind springt hinterher. Alberto Talenti düst herbei. Im letzten Moment sieht Alberto das Kind. Er tritt auf die Bremse. Gerade noch rechtzeitig kommt der Wagen zum Stehen. Alles noch mal gut gegangen! Nichts passiert!

Alberto bekommt weiche Knie. Ihm wird ganz flau im Magen. Am Abend beichtet er seiner Tochter: „Ich hätte fast ein Kind über den Haufen gefahren."

Seine Tochter legt die Stirn in Falten: „Ich mach mir langsam Sorgen um dich. Und um alle Kinder, die draußen spielen."

Alberto antwortet: „Ja, aber was soll ich machen?"

Die Tochter hat eine Idee: „Dein Enkel hat neulich den Führerschein bestanden. Er kann doch künftig Taxi für dich spielen."

Alberto schluckt: „Aber ich gehöre doch noch nicht zum alten Eisen."

Seine Tochter tröstet ihn: „Das nicht. Hauptsache ist aber, dass niemandem etwas passiert."

„Hmmm." Alberto wiegt seinen Kopf hin und her. „Vielleicht hast du recht. Besser gut gelaufen als schlecht gefahren."

# Zur Ruhe kommen

## *Frau Krause macht Pause*

*Tipp: Diese Geschichte kann besonders solchen Zuhörern guttun, die unruhig sind oder früher sehr leistungsorientiert waren. Bringen Sie einen Gegenstand mit, der Entspannung beim Zuhörer auslöst. Etwa ein Kissen oder das Bild eines Liegestuhls.*

Frau Krause hatte einen großen Garten – direkt neben ihrem Haus. Ihr Leben lang hatte sie dort gebuddelt und gepflanzt, gejätet und geerntet. Die Nachbarn sagten immer: „Frau Krause hat den schönsten Garten." Oder: „Also die Frau Krause hat einen grünen Daumen." Oder auch: „Bei der Frau Krause gedeiht alles."

Frau Krause war stolz auf ihren Garten. Obwohl sie schon 80 Jahre alt war, legte sie viel Wert darauf, dass der Garten immer schön gepflegt war. Bei ihr blühten die ersten Narzissen im Frühling und die letzten Sonnenblumen im Herbst. Sie hatte nicht nur eine Rosensorte, sondern zwanzig verschiedene Arten. Die Beete im Garten waren wunderschön eingerahmt von markanten Steinen. Und rund um den Garten wuchs eine Hecke aus Buchsbäumen – natürlich immer exakt geschnitten.

Wenn sich irgendwo im Beet ein Löwenzahn oder ein anderes Unkrautpflänzchen zeigte – Frau Krause riss es sofort aus. Mit Stumpf und Stiel! Im Sommer buddelte die alte Frau schon frühmorgens im Garten. Und manchmal sah man sie spät am Abend noch Blumen gießen. Frau Krause jätete, grub und hackte. Sie überdachte sogar die Tomaten, damit sie keinen Regen abbekamen.

Eines Tages war ihr Enkel zu Besuch. Er sagte: „Oma, nimm doch auch mal Rücksicht auf dich! Willst du den Garten nicht einfach mal genießen? Zufrieden in der Natur sitzen?"

Frau Krause sagte sich: Vielleicht hat er ja recht? Ich muss doch gar nicht den schönsten Garten in der Straße haben. Wenn mal etwas Unkraut zwischen den Steinen wächst oder der Rasen nicht so exakt gemäht ist – vielleicht stört das gar keinen!

Von nun an machte Frau Krause täglich eine Mittagspause. Sie stellte einen Liegestuhl mitten in den Garten. Von dort aus sah sie die grünen Bäume, hörte die Vögel zwitschern und roch die Rosen.

Die Nachbarn waren ganz überrascht. So kannten sie Frau Krause gar nicht. Herr Maier von nebenan machte einen kleinen Reim daraus und rief ihr fröhlich zu: „Frau Krause, mach Pause!"

Zuerst dachte Frau Krause: Das ist mir peinlich. Die Nachbarn denken ja, ich arbeite nichts. Die halten mich für faul. Ja, so denken auch wir manchmal. Wir treiben uns selbst an, denn wir haben immer etwas zu tun: Wäsche waschen, Einkäufe erledigen, Formulare ausfüllen …

Aber dann dachte Frau Krause: Gott hat die Welt in sechs Tagen erschaffen. Und am siebten Tag hat er geruht. Wenn sogar Gott ruht, darf ich mir das auch gönnen!

Seitdem genoss Frau Krause ihre Pause von Tag zu Tag mehr. Sie freute sich über ihren schönen Garten. Und je älter sie wurde, umso weniger störte sie das Unkraut ...

*Bibelstelle zum Nachlesen: 1. Mose/Genesis 2,2*

*Ich liege und schlafe ganz mit Frieden;*
*denn allein du, Herr, hilfst mir,*
*dass ich sicher wohne.*

*Psalm 4,9*

***Tipp:** Diese Andacht ist als Gutenachtgeschichte geeignet. Sie können diesen Bibelvers auf einen Zettel schreiben und neben das Bett des Zuhörers hängen. Als ein festes Ritual können Sie den Vers jeden Abend vorlesen.*

Josip ist heute neu ins Pflegeheim gezogen. Jetzt ist es Abend geworden und er liegt in seinem Bett. Aber er kann nicht einschlafen. Im Zimmer nebenan ist es laut. Es hört sich an, als wenn jemand Möbel hin und her schieben würde. Josip denkt sich: Es kann der Frömmste nicht in Frieden leben, wenn es dem bösen Nachbarn nicht gefällt. Er wälzt sich hin und her: „Wenn ich nur schlafen könnte."

Das rote Licht über seinem Bett leuchtet. Heute Mittag hatte die Schwester ihm erklärt: „Das ist die Klingel. Wenn Sie etwas brauchen, drücken Sie bitte." Josip denkt sich: Schlaf können mir die Schwestern auch nicht bringen. Aber vielleicht probiere ich den roten Knopf doch einmal aus.

Bald darauf tritt eine junge Schwester mit zwei braunen Zöpfen ein: „Guten Abend. Darf ich mich vorstellen. Ich bin Schwester Agathe."

„Schön", freut sich Josip. „Und ich bin der Neue. Meinen Nachnamen werden Sie nicht aussprechen können. Nennen Sie mich Josip. Ich kann nicht schlafen."

Schwester Agathe nickt ihm zu: „Das ist normal, Herr Josip. Sie sind in einer fremden Umgebung. Aber ich möchte Ihnen nicht gleich eine Schlaftablette verpassen. Vielleicht geht es ja auch so."

Josip erwidert: „Eine Schlaftablette wollte ich auch gar nicht. Ich dachte nur, vielleicht haben Sie einen guten Ratschlag."

Agathes Augen wandern durch das Zimmer. Schließlich entdeckt sie eine Bibel auf dem Nachttisch. Sie sagt: „Meine Mama hat mir früher immer aus der Bibel vorgelesen, wenn ich nicht schlafen konnte." Sie nimmt die Bibel in die Hand und blättert darin. „Darf ich Ihnen etwas vorlesen, Herr Josip?"

„Aber natürlich", antwortet Josip und faltet die Hände.

Langsam und betont liest Agathe: „Erhöre mich, wenn ich rufe, Gott meiner Gerechtigkeit, der du mich tröstest in Angst; sei mir gnädig und erhöre mein Gebet. Herr, lass leuchten über uns das Licht deines Antlitzes! Ich liege und schlafe ganz mit Frieden; denn allein du, Herr, hilfst mir, dass ich sicher wohne."

Sie blättert weiter und sucht nach einer anderen Bibelstelle. Aber dann schaut sie auf das Bett und sieht, dass Herr Josip schon schläft.

*Bibelstelle zum Nachlesen: Psalm 4*

## *Gedanken zur Nacht*

***Tipp:*** *Menschen mit Demenz sind in der Dämmerung oft unruhig. Hier einige Gedanken zum Vorlesen. Sie können die Inhalte an Ihre eigene Situation anpassen.*

Es ist Abend. Draußen dämmert es. Immer wenn es dunkel wird, werde ich unruhig. Dann möchte ich nur eines: laufen, laufen, laufen. Abends bin ich viel auf den Beinen.

Ich werde unruhig, wenn es dämmert. Dann fühle ich

mich unsicher. Ich habe Angst, etwas zu verpassen. Ich will nichts falsch machen. Ich habe Angst, dass der Tag nur so husch, husch verloren geht, ohne dass ich etwas Besonderes daraus gemacht habe.

Aber es stimmt: Der Tag ist so, wie er war. Ich kann daran nichts mehr ändern. Jetzt ist es Abend. Erst morgen weiß ich, was der neue Tag bringt. Und das wird wohl gut sein.

Das folgende Dankgebet von Arno Pötzsch passt gut zum Abend:

Meinem Gott gehört die Welt,
meinem Gott das Himmelszelt,
ihm gehört der Raum, die Zeit,
sein ist auch die Ewigkeit.

Und sein eigen bin auch ich.
Gottes Hände halten mich
gleich den Sternen in der Bahn;
keiner fällt aus Gottes Plan.

Wo ich bin: Gott hält die Wacht,
führt und schirmt mich Tag und Nacht;
über Bitten und Verstehn
muss sein Wille mir geschehn.

© by Bärenreiter-Verlag, Kassel

## *Gute Nacht, Elfriede*

Elfriede ist müde. Der Tag war lang. Viel hat Elfriede erlebt. Ihre Beine sind schwer. Jetzt geht sie ins Bett. „Endlich." Zufrieden lächelt sie. „So ein Bett ist eine prima Erfindung."

Dann legt sie alles ab: Ihre blaue Bluse hängt sie auf den Bügel. Auf den Hocker legt sie die helle Hose. Und die schwarzen Schuhe stellt sie in den Schrank. Auch ihre Nöte legt sie nieder. Die Sorge um ihre Beine, die ihr immer wehtun. Den Kummer über ihren Sohn, der so lange nicht mehr angerufen hat. Und die Angst vor dem Nachbarn, der oft so grimmig zu ihr ist.

Elfriede schmunzelt. „Gute Nacht, ihr Sorgen. Ich gehe jetzt schlafen. Euch brauche ich dazu nicht. Lasst mich lieber in Ruhe. Ihr werdet euch morgen schon wieder melden." Und falls sich die Sorgen nicht mehr melden sollten, wäre es Elfriede auch egal.

Sie überlegt sich: Es gibt so viele schöne Dinge, die ich heute erlebt habe. Ich habe eine Postkarte von meinem Neffen Fridolin bekommen. Aus Florida. Im Radio habe ich „Yesterday" von den Beatles gehört, mein Lieblingslied! Außerdem habe ich heute viele Kartoffeln geschält. Ganz alleine. Das war ein schöner Tag.

Schon schläft sie ein. Sie gleitet ins Reich der Träume. Gute Nacht, Elfriede.

Am nächsten Morgen sind Elfriedes Sorgen viel kleiner. Die Beine sind ausgeruht. Sie tun nicht mehr so weh.

Den Sohn ruft Elfriede an – bei ihm ist alles in Ordnung. Und für den Nachbarn schält sie ein paar Kartoffeln und lädt ihn zum Essen ein. Schon ist er nicht mehr so mürrisch.

*Tipp: Ermutigen Sie Ihren Zuhörer, seine Sorgen abends abzulegen. Sprechen Sie mit ihm ein Nachtgebet. Zum Beispiel das folgende:*

Nun bringe unser Herz zur Ruh
und schließe uns die Augen zu.
Mit deiner Güte decke uns,
zur rechten Zeit erwecke uns.
Dann sei dir unser Dank gebracht
für dein Geschenk, die gute Nacht.

## *Frau Kuhn darf ausruhn*

*Tipp: Bringen Sie einfache Gegenstände mit, die etwas mit der (Berufs-)Tätigkeit Ihrer Zuhörer zu tun haben, etwa einen Kugelschreiber, eine Schürze oder einen Taschenrechner.*

Frau Kuhn hatte einen anstrengenden Beruf. Sie war Krankenschwester. Frau Kuhn war immer in Eile: Medikamente richten. Spritzen geben. Kranke Menschen pflegen.

Auf dem Tisch im Dienstzimmer lag eine große Wäscheklammer aus Holz. Darauf stand: „Eilig!!!“ Mit drei Ausrufezeichen dahinter! Da klemmte der Arzt Zettel mit Laborwerten hinein. Die müssen schnell eingeklebt werden. Auch dringende Briefe wanderten in die Klammer.

Wenn in der Klammer etwas steckte, wusste Frau Kuhn: „Nichts wie los. Dieses Papier muss ich weitergeben. Und zwar ruckzuck.“ Also rannte sie gleich los.

Jetzt ist Frau Kuhn in den Ruhestand gegangen. Und – zum Abschied haben die Kollegen ihr eine Klammer aus Holz geschenkt. Sie sagten: „Weil du dich nie mehr beeilen musst.“ Auf der Klammer steht: „Jetzt eilt's nicht mehr!“

Frau Kuhn hat jetzt Zeit. Sie hat angefangen, ein Musikinstrument zu lernen: Querflöte. Die Noten legt sie auf einen Notenständer. Damit sie nicht auf den Boden flattern, befestigt sie diese mit der alten Holzklammer. Während sie musiziert und mit dem rechten Fuß im Takt der Musik wippt, fällt ihr Blick immer wieder auf die Klammer. Dann denkt sie: „Wie schön und beschwingt ist es jetzt, dass ich Musik spielen darf. Und ich brauche mich nicht mehr zu beeilen.“

# *Gute Nacht, Hilda*

*Tipp: Geben Sie Ihrem Zuhörer eine Wolldecke, in die er sich während des Vorlesens einkuscheln kann.*

Draußen ist es kalt. Ein eisiger Wind weht. Aber Hilda stört das nicht. Sie freut sich: „Ich geh jetzt ins Bett. So richtig nett ist's nur im Bett." In ihrem Kamin glühen noch die verbrannten Holzscheite.

Hilda setzt sich davor, schaut in die Reste der Glut. Sie atmet die Luft ein. Es riecht nach Holz. „Wärme ist etwas Schönes", denkt sie.

Als Kind hat Hilda in einem kalten Haus gewohnt. Es hat durch alle Ritzen gezogen. Wenn sie abends ins Bett ging, war die Bettdecke eisig kalt. Heute aber ist es bei Hilda schön warm. Sie hat eine Heizdecke, einen Kamin – und genügend Holz.

Ihre Füße legt Hilda auf einen Stuhl – direkt vor den Ofen. Hilda bewegt die Füße langsam hin und her. So werden sie von allen Seiten warm.

Dann zieht sie ihre Wollsocken an. Und sie legt sich ins Bett. Die Daunendecke zieht sie über ihre Füße. Wie flauschig weich es in so einem Bett doch sein kann, freut sich Hilda. Und sie sagt: „Das Bett ist eine tolle Erfindung. Gut, dass es das gibt."

Hilda bewegt ihre Füße hin und her. Sie räkelt sich. Die Finger dehnt und spreizt sie. Immer wieder macht sie die Augen kurz auf. Sie schaut die Glut im Kamin an, die vor sich hin glimmt.

„Es ist so schön warm im Bett", freut sich Hilda. „Ich gehe gern ins Bett."

Welches Wort passt eher zum Sommer als zum Winter?
Advent – Dreikönig – *Freibad* – Kälte
Glatteis – *Hitze* – Schlittenfahrt – Weihnachten

## *Herr Franke und die Schranke*

Herr Franke hat einen alten Beruf: Er ist Schrankenwärter.

Ein Schrankenwärter arbeitet bei der Bahn. Er sitzt am Bahnübergang in einem Häuschen. Dann muss er gut aufpassen: Wenn der Zug kommt, kurbelt Herr Franke vorher die Schranke herunter. Und danach dreht er sie wieder hoch.

Herr Franke sagt: „Ich drehe immer munter die Schranke rauf und runter."

Heute ist aber etwas passiert – da wäre es fast zu einem Unfall gekommen. Herr Franke sitzt am Bahngleis in seinem Wartehäuschen. Der Geruch nach Diesel und kalten Abgasen liegt in der Luft. Herr Franke weiß: Gleich kommt der Zug. Und wie immer sagt er: „Ich drehe immer munter die Schranke rauf und runter."

Aber in diesem Moment kommt Frau Müller vorbei. Frau Müller ist Herrn Frankes Nachbarin. Sie sagt: „Guten Tag, Herr Franke, wissen Sie schon das Neueste?"

„Nein." Herr Franke weiß es noch nicht. „Was gibt's denn Neues?", will er wissen. Und schon reden sie und reden. Herr Franke vergisst dabei alles um sich herum. Auch dass er jetzt die Schranke herunterdrehen soll.

Plötzlich rattert es. Herr Franke zuckt zusammen: Der Zug kommt. Er schaut zum Bahnübergang: „O nein! Die Schranke ist ja noch oben!"

Auf der Straße kommt ein Auto angefahren. Ein VW Käfer. Herr Franke springt so schnell er kann aus seinem Häuschen. Er rennt zu dem Bahnübergang und winkt mit beiden Armen. Er schreit: „Stopp! Anhalten!"

Das Auto bremst – gerade noch rechtzeitig. Die Reifen quietschen. Kurz vor dem Bahnübergang kommt der Wagen zum Stehen.

„Gott sei Dank", sagt Herr Franke. „Gott sei Dank."

So vieles kann in unserem Alltag passieren, was wir nicht im Griff haben. Ein Unfall. Ein Sturz. Ein Streit. Wir können Gott so oft danken, wenn alles gut gegangen ist. Das ist gar nicht selbstverständlich.

***Aktivierung:*** *Vielleicht haben Sie selbst einmal eine ähnliche Situation wie Herr Franke in dieser Geschichte erlebt. Eine Situation, in der Sie vor Schlimmerem bewahrt wurden. Oder kennen Sie ein solches Ereignis aus dem Leben Ihres Angehörigen? Dann kommen Sie darauf zu sprechen.*

*Auch ein Dankgebet in eigenen Worten würde gut zu dieser Geschichte passen: „Danke, Gott, dass du bei mir bist. Gestern bin ich gestürzt. Aber du hast deine Hand über mir gehalten. Nichts ist passiert. Dafür danke ich dir."*

*Oder: „Danke, Gott, dass du liebe Menschen um mich gestellt hast, die sich um mich kümmern. Mein Ehepartner. Die Schwester vom Pflegedienst. Und auch meine Nachbarin schaut hin und wieder vorbei. Das ist alles nicht selbstverständlich. Vielen Dank."*

*Sie können auch eine Strophe von einem Danklied singen oder vorlesen, etwa: „Danke für diesen guten Morgen." Oder: „Nun danket alle Gott."*

*Die Eisenbahn ist ein wunderbares Thema für Geschichten. Früher war dort vieles anders als heute. Es gab noch Dampfloks. Ein Heizer schaufelte Kohlen im Maschinenraum. Wollte man jemanden innerhalb des Bahnhofs am Bahnsteig abholen, musste man dafür eine Bahnsteigkarte lösen. Regen Sie Gespräche dazu an. Hat die Lok geraucht und gepfiffen?*

# Das reimt sich ja

## *Frau Hase, fall nicht auf die Nase!*

***Tipp:*** *Bringen Sie Fotos mit, die früher im Winter entstanden sind. Schauen Sie sich diese an, bevor oder nachdem Sie die Geschichte vorgelesen haben.*

Hanna Hase lebte alleine zu Hause. Weil sie nicht mehr kochen konnte, ging sie ins Restaurant „Lindenhof" zum Mittagessen. Sie bekam dort immer das Tagesgericht.

Eines Tages im Winter klingelte ihr Telefon. Die Tochter war dran: „Guten Morgen, Mama. Draußen ist es sehr glatt heute. Bitte geh nicht raus. Sonst fällst du noch auf die Nase, Frau Hase."

Hanna Hase nickte: „Danke, dass du mich gewarnt hast. Natürlich, dann bleibe ich zu Hause. Nicht dass ich mir noch etwas breche."

Als Hanna das Telefon aufgelegt hatte, erschrak sie: „Ich muss doch im Restaurant Bescheid sagen. Die kochen ja jeden Tag für mich." Hanna wühlte in ihren Schubladen. Die alte Frau kramte zwischen Zetteln und Notizbüchern. Aber sie fand keine Telefonnummer.

Schließlich zuckte sie mit den Achseln: „Ach was. Das Restaurant ist gar nicht so weit weg. Da kann ich doch rasch zu Fuß hin und Bescheid geben."

Also schnürte sie sich die Stiefel. Und dann spazierte sie zum Restaurant „Lindenhof". Ein eisiger Wind blies ihr ins Gesicht. Hanna schlotterte und zog ihren Schal eng um den Hals. Einmal wäre sie beinahe ausgerutscht.

Als Frau Hase schließlich im Restaurant ankam, rief sie: „Herr Wirt, ich wollte nur Bescheid sagen: Ich komme heute nicht zum Essen. Es ist mir zu glatt draußen. Deshalb will ich mein Mittagessen abmelden."

Noch bevor der Wirt antworten konnte, hatte Hanna sich umgedreht und war auf dem Weg nach draußen. Auf der glatten Straße spazierte sie wieder nach Hause.

Wie gut, dass Hanna nichts passiert ist.

## *Frau Klaus wird zum Nikolaus*

***Tipp:** Überlegen Sie gemeinsam, ob Sie jemandem ein Geschenk machen können.*

Frau Klaus ist neu ins Pflegeheim gezogen. Man sieht und hört aber nichts von ihr. Frau Klaus zieht sich in ihr Zimmer zurück. „Die anderen Bewohner sind so komisch", klagt Frau Klaus.

Beim Mittagessen sitzt Frau Klaus immer einer anderen Dame gegenüber. Aber … als Dame würde Frau Klaus diese Person eigentlich nicht bezeichnen! Frau

Klaus schüttelt den Kopf. „Die Frau benutzt häufig Schimpfwörter und hat immer schlechte Laune."

Das mag Frau Klaus nicht.

Und dann ist da der Mann, der im Zimmer neben Frau Klaus wohnt. Er schaut sie immer so misstrauisch an – als ob Frau Klaus etwas verbrochen hätte.

Am 5. Dezember hat Frau Klaus Besuch von ihrem Enkel. Es ist der Abend vor dem Nikolaustag. Der Enkel hat für Frau Klaus einen Sack voller Leckereien mitgebracht: Lebkuchen, Erdnüsse, Mandarinen und Schokolade.

„So viel kann ich gar nicht essen", wehrt Frau Klaus ab.

Da antwortet ihr Enkel: „Wo ist das Problem, Oma? Du kannst es doch verschenken."

Gute Idee, denkt Frau Klaus. In der Nacht schleicht sie auf den Gang des Pflegeheims. Vor die Türen der anderen Bewohner legt sie eine kleine Überraschung: einen Tannenzweig, Nüsse, Orangen oder Marzipan. Auch bei der mürrischen Frau, die ihr beim Essen gegenübersitzt. Und bei ihren Zimmernachbarn.

Am nächsten Morgen wundert sich Frau Klaus. Ihre Nachbarn sind anders. Sie lächeln. Keiner lästert. Frau Klaus hört kein Schimpfwort mehr. Und niemand schaut misstrauisch oder böse.

Frau Klaus beobachtet ihre Mitbewohner und freut sich. Sie murmelt: „Vielleicht gefällt es mir hier ja eines Tages doch noch."

# *Kerzenschein für Frau Klein*

***Tipp:** Machen Sie doch einmal eine Pause, anstatt zu arbeiten – und lesen dann diese Geschichte vor.*

Frau Klein sagt über ihr Zuhause: Es muss alles perfekt sein. Darum werkelt und schafft sie fleißig im Advent. Sie stöhnt: „Adventskranz basteln, Weihnachtsbaum aufstellen, Strohsterne basteln. Und auf alle Schränkchen und Tische stelle ich schöne Kerzen."

Natürlich backt Frau Klein auch Weihnachtsplätzchen – fünfzehn verschiedene Sorten. Aber noch wichtiger ist für sie etwas anderes. Frau Klein sagt: „Ich schreibe viele Karten für Freunde. Und ich verpacke Geschenke." Natürlich muss jedes Geschenk schön verpackt sein. Und für jede Karte verwendet sie einen besonderen Stift. Oft arbeitet Frau Klein bis tief in die Nacht.

So fliegt die Adventszeit dahin. Stunde für Stunde vergeht. Tag für Tag zieht vorbei. Und Frau Klein bastelt und dekoriert, verpackt und telefoniert. Sie tut viele schöne Dinge im Advent. Nur für eines hat sie keine Zeit: Sie kommt selbst nicht zur Ruhe.

Eines Tages bekommt Frau Klein Besuch von ihrer Freundin Berta. Die Freundin sagt: „Warum machst du dir so viel Stress? Du musst doch auch einmal zu dir selber kommen. Nimm dir Zeit für dich."

„Ja hör mal", antwortet Frau Klein, „ich will doch so vielen Menschen eine Freude machen."

Berta schüttelt den Kopf. „Achte auf dich und arbeite nicht zu viel."

„Hmmm", überlegt Frau Klein. So richtig überzeugt ist sie aber noch nicht.

Im Jahr darauf denkt Frau Klein: Vielleicht hat Berta recht. In diesem Jahr will ich die Adventszeit auch selber genießen. Ich will nicht mehr so viel Stress haben.

An einem Tag bäckt sie in aller Ruhe eine Sorte Weihnachtsplätzchen. Abends hört sie rechtzeitig auf zu arbeiten. Dann zündet sie Kerzen an und macht es sich im Wohnzimmer gemütlich.

Frau Klein hat einen Adventskalender, in dem für jeden Tag ein schöner Spruch steht. Heute zum Beispiel liest sie den Bibelvers: „Das Volk, das im Finstern wandelt, sieht ein großes Licht."

Frau Klein sagt sich: „Richtig, darum geht es an Weihnachten. Manchmal erscheint uns die Welt ziemlich dunkel. Aber Gott schickt uns ein helles Licht und das Licht ist Jesus. Darüber will ich mich freuen. Das ist viel wichtiger als alle Arbeit, die ich mir mache."

*Bibelstelle zum Nachlesen: Jesaja 9,1*

***Aktivierung:*** *Kerzen tasten. Bringen Sie verschiedene Kerzen mit. Lassen Sie Ihr Gegenüber daran tasten und daran riechen. Nun nehmen Sie ein Säckchen aus Baumwolle. Packen Sie eine Anzahl Kerzen in das Säckchen. Beginnen Sie mit zwei oder drei Kerzen. Lassen Sie ertasten, wie viele Kerzen sich darin befinden.*

## *Herr Krug und der Zug*

*Tipp: Bringen Sie Bilder von der Eisenbahn mit, etwa von Gleisen und Weichen oder von einer alten Dampflok. Vielleicht hat Ihr Gegenüber eine alte Modelleisenbahn. Möglicherweise finden Sie die Geräusche (Rattern des Zuges, Pfeifen der Lok) im Internet oder auf einer App.*

Herr Krug arbeitet bei der Eisenbahn. Er ist „Streckenläufer". Wissen Sie, was ein Streckenläufer ist? Man bezeichnet diesen Beruf auch als Gleisgänger oder Streckenwärter. Herr Krug beschreibt seinen Beruf so: „Ich kümmere mich darum, dass die Schienen heil sind. Dann kann der Zug ohne Probleme durchrattern."

Das ist nicht selbstverständlich. Denn so eine Eisenbahn ist ja schwer. Der Zug schüttelt nicht nur seine Reisegäste durch, auch die Gleise lockern sich durch das Gewicht. Manchmal löst sich eine Befestigung. Eine Schiene kann auch einen Riss bekommen. Und im Sommer räumt Herr Krug brennbare Gegenstände vom Gleis, damit nichts passiert. Einen Werkzeugkoffer hat er immer dabei. Darin befinden sich ein Schraubenschlüssel und ein Fahrplan. Aber auch eine Signalflagge und ein Signalhorn. Ganz wichtig ist die Knallkapsel.

Herr Krug erklärt: „Manchmal entdecke ich einen großen Schaden. Zum Beispiel neulich nach dem Sturm. Wenn ich dem Zugfahrer nicht mit meiner Signalflagge winken kann, warne ich ihn mit der Knallkapsel." Dazu marschiert Herr Krug dem nächsten Zug entgegen. Dann legt er die Kapsel aufs Gleis. Fährt die Lok später darüber, knallt es. Dann weiß der Lokführer: Achtung, jetzt muss ich bremsen!

Gut, dass es den Streckenläufer gibt.

## *Immer Ärger mit Herrn Berger*

***Tipp:** Bringen Sie ein Hundebild oder sogar einen Stoffhund mit.*

Peter hat einen Nachbarn, der heißt Herr Berger. Dieser Herr Berger hat einen Hund. Einen Dackel. Peter mag Herrn Berger. Und Peter hat auch nichts gegen Hunde. Aber er findet es nicht so angenehm, wenn der Nachbarhund sein großes Geschäft in Peters Vorgarten verrichtet. Denn immer wieder tritt Peter in ein Hundehäufchen – oder Peters Besuch tappt in den Hundedreck. Wenn man dann nicht sofort an der Tür die Schuhe auszieht, verteilt man den Dreck in der ganzen Wohnung. Das stinkt vielleicht! Peter findet das fürchterlich. Er ärgert sich über Herrn Bergers Hund.

Einmal hat Peter versucht, mit Herrn Berger zu reden. „Entschuldigen Sie“, hat er gesagt, „ich habe eine Bitte. Es geht um Ihren Hund …“ Und er hat ihm das Problem geschildert.

„Nein“, hat Herr Berger gesagt, „mein Hund tut so etwas nicht. Das sind irgendwelche streunenden Tiere.“

Seither hat Peter das Gefühl, dass Herr Berger ihm aus dem Weg geht. Was nun?

Es gibt ja die Redensart: Es kann der Frömmste nicht in Frieden leben, wenn es dem bösen Nachbarn nicht gefällt.

Vielleicht müsste man besser sagen: Es kann der Frömmste nicht in Frieden leben, wenn der Nachbar einen Hund hat.

Allerdings steht folgender Satz in der Bibel: „Liebe deinen Nächsten wie dich selbst.“

Und darum hat Peter beschlossen: „Ich liebe ab sofort nicht nur Herrn Berger, sondern auch seinen Hund.“ Peter hat sich eine Schaufel in seinen Vorgarten gestellt. Und immer, wenn er ein Häuflein sieht, räumt er es weg. Ohne sich darüber zu ärgern. Mit Herrn Berger hat er seitdem wieder ein viel besseres Verhältnis.

Wie oft mache ich mir das Leben schwer, weil ich mich über die schlechten Gewohnheiten anderer Menschen aufrege. Manchmal ist es einfacher, darüber hinwegzusehen und das Ärgerliche einfach wegzuräumen. Denn andere Menschen und fremde Hunde kann ich nicht verändern. Ich kann nur die Art verändern, wie ich mit ihnen umgehe.

*Bibelstellen zum Nachlesen: 3.Mose 19,18; Matthäus 22,39*

# *Frau Barth hat gespart*

Herr Barth arbeitete als Schreiner. Jeden Monat bekam er seinen Lohn. In einer Tüte. Das war früher so üblich: Jeder Mitarbeiter bekam eine Lohntüte mit seinem Gehalt drin.

Herr Barth gestand einmal: „Ich kann nicht so gut mit Geld jonglieren wie mit Schrauben, Nägeln und Brettern.“ Da verschränkte seine Frau ihre Arme und sagte: „Gut, dann kümmere ich mich eben um unser Geld.“

Herr Barth packte seine Lohntüte also nun jeden Monat in die Küchenschublade. Und Frau Barth teilte das Geld für die Familie ein: Haushaltsgeräte und Lebensmittel, Reparaturen und Geschenke, Miete und Versicherungen. Und ein bisschen legte Frau Barth auch immer auf die hohe Kante.

Wenn Herr Barth ausging, fragte er seine Frau: „Hast du etwas Geld? Ich bin beim Vereinsfest. Da will ich eine Bratwurst essen und ein Bier trinken.“

So klappte es mit dem Geld von Familie Barth. Herr Barth verdiente es und Frau Barth teilte es ein.

Eines Tages hatte Frau Barth dann eine Überraschung für ihren Mann: „Du wolltest doch schon immer mal in den Skiurlaub. Wir konnten uns das nie leisten. Aber jetzt haben wir genug gespart.“

Herr Barth bekam große Augen. „Wie konntest du denn sparen?“

„Ganz einfach“, schmunzelte Frau Barth. „Ich habe

immer etwas aus deiner Lohntüte auf die Seite gelegt. Und jetzt reicht es nicht nur für Skiausrüstung, Hotel und Liftkarte. Du kannst dir im Urlaub sogar jeden Abend ein Bier und eine Bratwurst leisten."

Weil Frau Barth so viel gespart hatte, konnte die Familie nun ihren ersten Skiurlaub antreten. Die Barths fuhren in den Bregenzer Wald und wirbelten dort über die Skipisten. Das machte ihnen richtig Spaß. Und es waren nicht die letzten Skiferien der Familie Barth.

*Geld zählen:*
*Bringen Sie Bargeld mit. Zählen Sie dieses gemeinsam.*

*Gesprächsimpulse:*
*Können Sie sich daran erinnern, als das Gehalt in der Lohntüte bezahlt wurde? Wie sah so eine Tüte aus?*
*Wer war bei Ihnen zu Hause für die Finanzen zuständig? Wer hat das Geld verwaltet?*
*Waren Sie früher im Skiurlaub? Bei welcher Gelegenheit haben Sie Skifahren gelernt?*

## *Herr Mutz haut auf den Putz*

*Tipp: Zählen Sie verschiedene Handwerksberufe gemeinsam auf. War Ihr Zuhörer auch handwerklich tätig? Tauschen Sie Erfahrungen aus, die Sie mit Handwerkern gemacht haben.*

Handwerker sind pünktlich. Wenn sie sagen, sie kommen montags, kommen sie am Dienstag. Oder am Ende der Woche – oder nächsten Monat.

Gipsermeister Mutz begutachtete meine alte Giebelwand und versprach: „Montag fangen wir an."

Ich freute mich. Allerdings: Am Montag kam Herr Mutz nicht.

Am Dienstag traf ich meinen Freund Peter. Peter tröstete mich: „Wir können doch schon mal selber anfangen und den alten Putz von der Wand schlagen." Wir hämmerten gegen die Steinwand. Der rissige Putz krachte an vielen Stellen fast von alleine herab.

Am Mittwoch kam Herr Mutz immer noch nicht.

Am Donnerstag rief ich bei Herrn Mutz an. Er sagte: „Regen Sie sich nicht auf! Nächste Woche komme ich. Ganz sicher!"

Ich schaufelte zusammen mit meinem Freund den heruntergeschlagenen Putz weg. Peter schlug vor: „Dann machen wir halt auf eigene Faust weiter. Selbst ist der Mann."

Lange Rede, kurzer Sinn: Nach ein paar Tagen hatten

Peter und ich die Wand vom alten Putz befreit. Wir hatten Schwielen an den Händen. Wir hatten Muskelkater in den Armen. Aber: Wir hatten es geschafft.

Ich rief Herrn Mutz an. Er erklärte mir: „Wir haben jetzt erst mal Ferien. Anschließend kommen wir und machen den Putz drauf."

Peter spuckte in die Hände: „Ach was. So lange warten wir nicht. Wir machen das selber. Ich fahre in den Baumarkt und hole alles, was wir brauchen."

Gesagt, getan. Denn wer A sagt, muss auch B sagen. Und was du heute kannst besorgen, das verschiebe nicht auf morgen.

Also brachten wir den neuen Putz auf. Dann strichen wir die Wand. Irgendwann hatten wir die ganze Wand erneuert. Ohne die Hilfe von Herrn Mutz.

Ich sagte zu Peter: „Weißt du was? Jetzt fliegen wir für zwei Wochen nach Rhodos in den Urlaub. Ich lade dich ein!" Schließlich hatte ich viel Geld gespart. Dafür wollte ich mich nicht lumpen lassen. Aber wie heißt es so schön: Man soll den Tag nicht vor dem Abend loben.

Als wir heimkamen, standen an meiner Wand drei Lehrbuben von Herrn Mutz. Von unserem neuen Putz hing nur noch wenig an der Wand. Etwas abseits füllte Herr Mutz weißes Pulver in eine Mischmaschine.

Er strahlte: „Bald haben wir es geschafft. Ich sehe Ihnen an, wie sehr Sie sich über die neue Wand freuen."

# Geschichten zu Sprüchen und Redensarten

## *Wo ein Willi ist, ist auch ein Weg*

*Tipp: Bringen Sie Fotos von Bergen mit. Oder auch Dinge, die man zum Wandern braucht: Wanderschuhe, Wanderstock, Kompass, Landkarte …*

Willi schnürt seine Wanderschuhe. „Heute gehen wir auf den Feldberg. Ich freue mich." Er nimmt seinen Wanderstock in die Hand. Dann marschiert er mit seinen Freunden los. Willis Motto lautet: Wo ein Willi ist, ist auch ein Weg. Er ist schon oft wandern gegangen – immer hat er den richtigen Weg gefunden.

Immer wieder bleibt Willi stehen. Er streckt den Arm aus und deutet auf verschiedene Sehenswürdigkeiten. „Schaut, der Enzian blüht. Und da oben, da fliegt ein Bussard." Jeder, der mit Willi wandert, freut sich, dass er sich so gut auskennt. Und auch Willis Freunde wissen ganz genau: Wo ein Willi ist, da ist auch ein Weg.

Unterwegs kramt Willi die Landkarte und den Kompass aus seinem Rucksack. Mit dem Zeigefinger deutet er auf die Landkarte. „Ich weiß genau, wo wir hinmüssen." Die Blicke der Freunde folgen seinen Armbewegungen.

Der Trupp wandert über Stock und Stein. Sie überqueren einen Bach und wandern durch einen Tannenwald. Jeder kann sich drauf verlassen: Wo ein Willi ist, da ist auch ein Weg. Einer der Freunde saugt sich die Lunge voll mit Luft. „Atmet tief durch. Das tut gut."

Plötzlich wird der Himmel dunkel. Wolken ziehen auf. Es beginnt zu regnen. Dann schüttet es wie aus Kübeln. Die Wanderer werden nass. Die Klamotten kleben an der Haut. Aber Willi ruft: „Nur Mut. Ich kenne mich aus. Nur noch um die Kurve, da ist eine Hütte."

Da schöpfen seine Freunde Hoffnung. Denn sie wissen ja: Wo ein Willi ist, da ist auch ein Weg.

## *Alles neu macht Herr Mai*

***Tipp:** Bringen Sie Werkzeug mit, das Sie zeigen – Hammer, Zange und Schraubenzieher. Fragen Sie Ihre Zuhörer, ob sie handwerklich interessiert sind. Was können Sie gut? Was haben Sie gerne mit den Händen gearbeitet?*

Herr Mai bastelt den ganzen Tag. Morgens packt er Hammer und Schraubenzieher in den Werkzeugkasten. Ein paar Schrauben und Nägel steckt er in die Taschen seiner Latzhose. Dann geht's los.

Seine Nachbarin sagt: „Herr Mai ist Zimmermann,

Schmied und Schlosser in einem. Alles neu macht Herr Mai." Dieser Spruch gefällt ihm so gut, dass er ihn oft wiederholt: „Alles neu macht Herr Mai."

Und es stimmt ja auch. Wenn ein Rohr leckt oder eine Mauer gebaut werden muss: Alles neu macht Herr Mai. In seiner Wohnung werkelt er stets viel. Er hat die Fliesen im Bad verlegt. Und er hat in allen Zimmern neue Lampen aufgehängt. Oft packt er Schraubenschlüssel und Zange in seine Tasche – und zieht los. Herr Mai hilft nämlich gern anderen Menschen.

Gerade hat seine Nachbarin angerufen: „Herr Mai, ich habe einen Schrank gekauft, aber ich kriege ihn nicht zusammengebaut. Können Sie mir helfen?"

„Kein Problem!", ruft Herr Mai in den Telefonhörer. Er zurrt die Träger seiner Latzhose zurecht. Seinen Werkzeugkoffer klemmt er unter den Arm – und schon ist er auf dem Weg zur Nachbarin.

Es dauert nicht lange. Bald hat Herr Mai den Schrank aufgestellt.

Seine Nachbarin staunt. Sie raunt: „Alles neu macht Herr Mai."

Eigentlich heißt die Redensart ja: Alles neu macht *der* Mai. Damit ist gemeint, dass im Mai die Natur aus dem Winterschlaf erwacht ist. Wo vorher nur dürres Land war, wächst jetzt Gras. Gelbe Narzissen und rote Tulpen leuchten auf den Beeten. Die Bienen summen im Garten. Alles grünt und blüht. Und es riecht nach Frühling. Alles neu macht der Mai.

## *Alte Bäume soll man nicht verpflanzen*

***Tipp:*** *In dieser Geschichte geht es um das Thema „Zuhause“, um den Ort, an dem man sich wohlfühlt. Um Heimat und Geborgenheit. Wo hat Ihr Zuhörer früher gelebt? Lassen Sie ihn etwas über sein Zuhause erzählen. Oder Sie bringen Bilder von seinem Zuhause mit – seiner Wohnung oder einer Landschaft, in der er sich wohlfühlt.*

Die Familie ist sich einig: „Amelie muss ins Pflegeheim.“ Sie ist oft gestürzt und kann sich nicht mehr selber pflegen. Amelie sprüht sich immer so dick mit Deo ein, dass sie husten muss. Aber sie kann sich nicht mehr alleine waschen.

Die Familie hat jedoch nicht mit Amelies Enkel Luis gerechnet. Er stampft auf den Boden, verschränkt seine Arme und sagt: „Nein, ich gebe meine Oma nicht her.“

Amelie wischt eine weiße Strähne aus dem Gesicht. Sie mustert den Enkel durch ihre Brille: „So einfach wird das nicht sein. Die haben sich in den Kopf gesetzt, dass ich ins Heim muss.“

Luis fragt: „Oma, kann ich dir helfen?“

Die Oma lässt den Kopf hängen. „Du kannst mir nicht helfen. Ich brauche eine Krankenschwester. Oder eine Betreuerin.“

Der Tag kommt. Amelie soll ins Heim. Luis versteckt Omas Koffer. Die Verwandten kommen. Luis stampft mit dem Fuß auf den Boden. „Nein, ich gebe meine Oma nicht her." Ob das hilft? Nein. Schnell haben sie den Koffer gefunden. Schon packen sie.

Luis heult: „Oma spielt immer mit mir. Sie versteht mich. Und sie backt den besten Kuchen. Sie erzählt tolle Geschichten. *Ich* kann ihr doch helfen."

Die Verwandten zucken mit den Schultern. „Naja, vielleicht könnte Amelie doch zu Hause bleiben."

Luis greift in die Tasche. Er klimpert mit einigen Münzen. „Hier. 2 Euro und 51 Cent. Ich habe mein Sparschwein geschlachtet. Reicht das für eine Betreuungsschwester?"

Damit ist der Fall erst mal erledigt. Amelie darf noch eine Weile zu Hause leben. Sie bekommt Hilfe. Von einer Krankenschwester und einer Betreuerin. Und natürlich von ihrem Enkel Luis. Denn alte Bäume soll man nicht verpflanzen. Amelie lebt noch einige glückliche Monate zu Hause. Die genießt sie bewusst. Als sie dann doch ins Pflegeheim umzieht, sagt sie: „Ich bin dankbar, dass ich diese Zeit daheim noch hatte." Und im Pflegeheim stellt sie fest: „So schlecht ist es hier gar nicht. Ich glaube, hier wird es mir auch gefallen."

***FilmTipp: Witwer mit fünf Töchtern***

*Das Verhalten des Jungens Luis erinnert an das Mädchen Julchen im Film „Witwer mit fünf Töchtern". Das Mädchen hat dort ihr Sparschwein geschlachtet, um ihren Vater (gespielt von Heinz Erhard) vor der Kündigung zu bewahren. Viele Menschen mit Demenz kennen diesen Film. Sie finden den Film im Internet. Wenn er zu lang ist, können Sie sich auf die berührenden Szenen beschränken, in denen sich Julchen für ihren Vater einsetzt. Sie finden diese im letzten Teil des Filmes, etwa nach einer Stunde und 20 Minuten (1.15-1.18 und 1.20-1.21).*

## *Mit Fritz ist gut Kirschen essen*

Fritz ist ein Lausebengel, wie er im Buche steht. Er ist mit allen Wassern gewaschen. Und er hat es faustdick hinter den Ohren. Das weiß jeder im Dorf.

Der Nachbar von Fritz hieß Herr Schneiderlein. Eines Tages rief Herr Schneiderlein über den Gartenzaun: „Fritz, die Kirschen in meinem Garten sind reif. Ich alter Mann komme nicht auf den Baum. Hilfst du mir?"

Fritz lächelte. Das Wasser lief ihm im Mund zusammen. „Na klar, das mache ich doch gern!", rief er. Aber er dachte bei sich: Das ist die Gelegenheit! Ich klettere auf den Baum und nehme einen Eimer mit. Dann schlage ich mir den Bauch mit Kirschen voll. Ab und zu sammle ich auch eine Kirsche in den Eimer für Herrn Schneiderlein.

Aber Herr Schneiderlein durchschaute den Jungen und rief: „Du bist ein Schlitzohr. Du sollst aber nicht alle Kirschen selber essen. Deshalb: Während du pflückst, musst du vor dich hin pfeifen."

*Tipp: Pfeifen Sie gemeinsam ein Lied, das der Zuhörer kennt und das in die Jahreszeit passt.*

Fritz überlegte nicht lange. Er rief: „Alles machbar, Herr Nachbar. Ich pflücke Kirschen. Und Sie werden es pfeifen hören." Fritz stieg auf den Baum. Er hatte einen Eimer bei sich. Fröhlich pfiff er vor sich hin. Er erntete viele Kirschen.

Fritz pfiff fröhliche Lieder, wie zum Beispiel:

Das Wandern ist des Müllers Lust ...

Wem Gott will rechte Gunst erweisen, den schickt er in die weite Welt ...

Die Gedanken sind frei ...

*Tipp: Pfeifen Sie doch zusammen eines dieser Lieder. Oder auch alle drei.*

Schließlich schmunzelte Herr Schneiderlein: „Das klappt prima, Fritz. Ich verschwinde jetzt in die Wohnung. Aber ich lasse das Fenster offen. Also: Pfeif schön weiter, denn ich höre alles. Dann weiß ich, dass du die Kirschen nicht selber isst."

„Selbstverständlich", grinste Fritz.

Aber an diesem Abend waren es nur noch wenige Kirschen, die in Herrn Schneiderleins Eimer landeten. Denn kaum war der Nachbar verschwunden, kam Hannes und half Fritz. Beide kraxelten auf den Baum und teilten sich die Arbeit. Hannes pfiff fröhliche Lieder und Fritz aß eine Kirsche nach der anderen. Die Kirschen waren dunkelrot und süß und saftig. „Hmmm, sind die gut!"

Als Fritz genug Kirschen im Bauch hatte, wechselten sie sich ab. Dann durfte Hannes Kirschen essen und Fritz pfiff dazu fröhliche Lieder.

Der Nachbar hat nichts gemerkt. Oder doch? Aber da war es zu spät!

## *Peter ist zum Glück Schmied*

***Tipp:** Bringen Sie geschmiedete Gegenstände mit, wie ein Hufeisen oder einen Kerzenständer. Schauen Sie die Gegenstände gemeinsam an, tasten Sie daran, bauen Sie die Gegenstände in die Geschichte ein.*

Peter ist Schmied. In seiner Werkstatt steht ein Amboss. Darauf hält Peter das glühende Eisen. Schlägt er mit dem Hammer drauf, sprühen die Funken in alle Richtungen. Peter hat oft mehrere Eisen im Feuer. Dann nimmt er eines heraus und schlägt darauf. So kann er es in Form bringen. Anschließend holt er das zweite Eisen. Auch darauf klopft er voller Wucht. Peter weiß: „Wenn ich das Eisen aus dem Feuer nehme, darf ich nicht zu lange warten, sonst wird es kalt. Denn: Man muss das Eisen schmieden, solange es heiß ist."

Peter lacht. „Ich arbeite gerne mit den Händen."

Er liebt es, hartes Material zu bearbeiten. Manchmal schmerzen Peters Hände und er bekommt Schwielen. Aber er ist glücklich, wenn bei seiner Arbeit etwas herauskommt, das man anschauen und anfassen kann.

Peter sagt: „Zum Glück bin ich Schmied. Ein glücklicher Schmied."

Peter ist zum Glück Schmied. So könnte man sagen. Es gibt eine Redensart, die lautet ganz ähnlich: Jeder ist seines Glückes Schmied. Damit ist gemeint: Jeder hat es in der Hand, was er aus seinem Leben macht. Der Schmied kann aus dem gleichen Metall ein Hufeisen oder einen Kerzenleuchter schmieden. Und genauso kann jeder am Glück seines Lebens schmieden. Jeder ist seines Glückes Schmied.

## *Redensarten rund um Handwerk und Beruf*

Er klaut alles, was nicht niet- und nagelfest ist.
Wo gehobelt wird, da fallen Späne.
Schaffe, schaffe, Häusle baue.
Handwerk hat goldenen Boden.
Er rückt etwas ins richtige Licht.
Sie macht Nägel mit Köpfen.
Bei ihm ist eine Schraube locker.
Er lügt, dass sich die Balken biegen.
Ordnung ist das halbe Leben.

# *Wo dein Schatz ist, da ist auch dein Herz*

*Matthäus 6,21*

***Tipp:** Bringen Sie eine Schatzkiste, das Bild einer Schatzkiste oder einen Geldbeutel mit.*

Opa Hansjörg stand mit Oma Klara auf dem Bahnsteig. Sie warteten auf den nächsten Zug, weil sie einen Besuch machen wollten. Klara stützte sich auf ihren Spazierstock. Hansjörg hielt sich an seinem Rollator fest.

Plötzlich ertönte eine Durchsage: „Achtung, Achtung. Aus gegebenem Anlass bitten wir Sie: Halten Sie Ihre Wertgegenstände fest."

Der alte Mann schob seinen Rollator zur Seite und ging zu seiner Frau. Schmunzelnd nahm er Klara in den Arm und sagte: „Du bist ja da." Hansjörg wollte damit zeigen: Klara ist das Wertvollste, was er hat. Darum hat er sie in den Arm genommen. Manche Menschen griffen an ganz andere Stellen, als die Durchsage kam: „Halten Sie Ihre Wertsachen fest."

Der Geschäftsmann, zum Beispiel. Er trug ein Jakkett und hatte seine Aktentasche locker unter dem Arm. Als die Stimme aus dem Lautsprecher warnte, griff er schnell in seine rechte Hosentasche. Erleichtert murmelte er: „Sie ist ja noch da, meine Brieftasche."

Wo unser Schatz ist, da ist unser Herz. Dem alten Mann war seine Frau wichtig. Der Geschäftsmann sorgte sich um sein Geld.

Manchmal sorge ich mich um etwas und mache mir darüber Gedanken. Vielleicht denken Sie darüber nach, dass Sie im Alter an einem ganz anderen Ort sind, als Sie eigentlich sein möchten. Vielleicht sorgen Sie sich auch um Ihr Geld: Wird mein Vermögen reichen, um das Pflegeheim zu bezahlen?

Jesus sagt: „Wo dein Schatz ist, da ist auch dein Herz."

Nicht derjenige ist wirklich reich, der eine dicke Brieftasche hat. Sondern der, der sich an Gott hält. Wir können ihm sagen: „Lieber Gott, ich sorge mich um so viele

Dinge. Aber am allermeisten möchte ich mich um dich sorgen. Bitte zeig mir, was wichtig ist für mein Leben."

## *Mir fällt ein Stein vom Herzen*

*Tipp: Nehmen Sie einen Stein in die Hand. Fühlen Sie ihn. Geben Sie ihn ihrem Zuhörer. Lassen Sie ihn daran tasten und den Stein in der Hand halten.*

Wenn Sie einen Stein in der Hand haben, fängt er bald an zu drücken. Sie fangen an der Hand an zu schwitzen. Es wird unangenehm. Wenn ein Stein im Schuh ist, dann drückt es auf den Fuß. Und wenn Sie eine Weile lang laufen, rufen Sie plötzlich: „Autsch. Der Fuß fängt an, wehzutun. Ich bekomme eine Blase am Fuß."

Ihre Sorgen tragen Sie auch mit sich herum. Wie einen Stein. Er drückt. Sie tragen schwer daran. Manchmal können Sie wegen Ihrer Sorgen nicht schlafen. Sie sind unruhig deshalb.

Die gute Nachricht heißt: Sie müssen Ihre Sorgen gar nicht mit sich herumschleppen. Sie dürfen sie ablegen. Legen Sie sie Gott hin. In der Bibel steht: „Alle eure Sorge werft auf ihn (auf Gott); denn er sorgt für euch."

*Bibelstelle zum Nachlesen: 1. Petrus 5,7*

*Tipp:* *Legen Sie zuvor ein Kreuz in die Mitte des Raumes. Gemeinsam legen Sie den Stein daneben ab.*

*Es gibt auch einige Redensarten, in denen Steine eine Rolle spielen. Wir können ja einmal zusammen raten:*

- *Der ist sehr mürrisch und hart. Er hat ein Herz aus ... (Stein).*
- *Ich bin hundemüde. Heute Nacht werde ich schlafen wie ein ... (Stein).*
- *Auch wenn du nur eine Kleinigkeit machen kannst: Steter Tropfen höhlt den ... (Stein).*
- *Das hat nun nicht viel gebracht. Es war nur ein Tropfen auf den heißen ... (Stein).*
- *Das ist ärgerlich. Das ist der Stein des An... (-stoßes).*
- *Alles bricht zusammen. Kein Stein bleibt auf dem ... (anderen).*
- *Jemand ist erleichtert. Ihm fällt ein Stein vom ... (Herzen).*
- *Da kommt was in Bewegung. Der Stein kommt ins ... (Rollen).*
- *Den Mann mag ich. Der hat bei mir einen Stein im ... (Brett).*
- *Die Kinder weinen herzzerreißend. Das könnte einen Stein er... (-weichen).*
- *Er will nicht, dass ich weiterkomme. Er legt mir Steine in den ... (Weg).*
- *Mein Freund hilft mir, dass ich weiterkomme. Er räumt mir die Steine aus dem ... (Weg).*

- *Du bist auch nicht perfekt. Wer im Glashaus sitzt, sollte nicht mit Steinen ... (werfen).*

# Advent, Weihnachten und Winter

## *Max und die Krippe*

*Tipp: Bringen Sie eine Kiste mit Advents- und Weihnachtsdekoration mit – und bauen die verschiedenen Dinge in die Geschichte mit ein.*

Max packt mit seiner Mutter die Weihnachtskiste aus. Die Mutter lächelt. „Jedes Jahr staune ich wieder, was ich hier für Schätze habe."

Was kann man da nicht alles in einer Kiste mit Weihnachtsdekoration entdecken. Max staunt nicht schlecht. Da sind mehrere Lichterketten und eine Tüte mit Strohsternen. Ein paar Servietten, auf denen Engel abgebildet sind. Kerzen in allen Formen und Farben: rote, gelbe und weiße Kerzen. Runde, viereckige und sternförmige Kerzen. Neue Kerzen – und Kerzen, die schon halb abgebrannt sind. Und noch weitere schöne Sachen befinden sich in der Kiste: Ein Adventskranz aus Plastik, Lametta, Geschenkpapier – und Krippenfiguren aus Gips.

Max fragt: „Darf ich die Krippe aufstellen?"

Die Mutter nickt. „Aber natürlich."

Schon verschwindet Max mit den Figuren. In einer

Ecke im Flur ist ein leerer Platz. Da baut er die Krippe auf: den Stall mit der Futterkrippe, Maria, Josef und das Kind, Ochse und Esel, die Hirten und ihre Schafe.

Stolz ruft Max: „Fertig!"

Die Mutter wirft einen Blick in den Flur. „Aber, Max. Schau mal, wie schmutzig es in der Ecke ist. Da liegen ja noch Staubflocken auf dem Boden. Du hättest ruhig ein bisschen putzen können, bevor du die Krippe aufstellst."

Max beißt sich auf die Unterlippe. „Aber der Pfarrer hat doch neulich gesagt: Jesus kommt mitten in unseren Dreck hinein."

Da muss die Mutter lachen. „Aber ich glaube, er wollte nicht sagen, dass man nicht putzen soll. Er hat wohl eher gemeint: Auch wenn unser Leben nicht so perfekt ist, wie wir es gerne hätten – wir dürfen trotzdem zu Gott kommen, wie wir sind."

***Aktivierung:** Stellen Sie zusammen eine Weihnachtskrippe auf.*

## *Eine Tasse für den Winter*

*Tipp: Bringen Sie Tassen mit verschiedenen Wintermotiven mit.*

Immer Ende November holt Heidrun ihre Winterkiste vom Speicher. Darin befinden sich allerlei Strohsterne, die Krippenfiguren und eine Lichterkette. Aber noch etwas befindet sich in der Kiste: Heidruns Lieblingstasse. Die Tasse ist aus Porzellan. Sie ist rot. Ein Stern ist darauf gebrannt. „Jedes Jahr freue ich mich, wenn ich wieder aus dieser Tasse meinen Früchtepunsch trinken kann", sagt Heidrun zu ihrem Mann Max. Sie packt die Tasse aus der Kiste. Im Topf auf dem Herd wärmt sie ein Gemisch aus Pflaumensaft und Kräutertee. Der Geruch zieht durch die Wohnung. Heidrun gibt noch Zimt und Sternanis hinzu. Sie rührt den Punsch um. Dann schenkt sie ein. Die Tasse dampft vor sich hin. Heidrun nippt an der Tasse. „Wie schön", sagt sie. „Mein Lieblingspunsch aus meiner Lieblingstasse."

Dann geht Heidrun in die Küche. Sie stellt die leere Tasse zum Spülen ins Becken und kommt zurück.

Max sagt sich: „Jetzt mache ich meiner Frau eine Freude – und spüle ab." Er geht in die Küche und lässt heißes Wasser ins Spülbecken laufen. Noch ein Tropfen Spülmittel dazu, schon beginnt es zu schäumen. Max nimmt den Lappen und wischt die Tasse aus. Als er sie aus dem Wasser nimmt, passiert es – die Tasse gleitet aus seinen Händen und fällt auf den Boden. Es scheppert laut. Auf dem Boden liegen viele Scherben. „Oh nein“, ärgert sich Max. „Das war doch Heidruns Lieblingstasse.“

Da kommt Heidrun in die Küche. Max ist ganz kleinlaut. Traurig deutet er auf den Boden und sagt: „Schau nur, Heidrun, was passiert ist. Ich habe deine Lieblingstasse kaputt gemacht.“

Heidrun nimmt Max in den Arm. Sie sagt: „Das ist doch nicht schlimm. Natürlich – es war meine Lieblingstasse. Aber viel wichtiger als die Tasse ist mir doch, dass ich einen Mann habe, der mich lieb hat und sogar für mich abspült.“

Max ist verdutzt. Er schaut seine Frau an: „Wirklich?“

„Ja“, lächelt Heidrun. „Auch wenn du ab und zu mal Geschirr zerdepperst – ich habe dich trotzdem lieb.“

Max strahlt. Am nächsten Tag geht er in die Stadt, um eine neue Tasse zu kaufen. Die will er Heidrun zu Weihnachten schenken. Nicht, weil er damit etwas gutmachen will – sondern weil er seine Frau lieb hat.

*Sammeln Sie passende Begriffe*

- *In der Küche findet man: Tassen, Teller, Töpfe, Messer, Gabeln, Gläser, Schüsseln …*
- *Dinge, die kaputt gehen können: Tassen, Fenster, Autoreifen, Kühlschrank, Brillen …*
- *Jahreszeiten: Frühling, Sommer, Herbst, Winter*

- *Wintersport: Skifahren, Rodeln, Schneewandern, Schlittschuhlaufen …*
- *Was hat der Nikolaus in seinem Sack? Nüsse, Orangen, Mandarinen, Äpfel, Schokolade …*

## *Eine Christbaumkugel erzählt vom Advent*

***Tipp:*** *Bringen Sie eine Christbaumkugel mit. Oder machen Sie eine Pause, während Sie zusammen den Weihnachtsbaum dekorieren. Dann lesen Sie diese Geschichte vor.*

„Ich heiße Rundini“, sagt die Christbaumkugel. „Warum Rundini? Weil ich so schön rund bin. Ich bin rot. Und ich glänze. Wenn die Menschen in mich schauen, können sie sich selber sehen.“

Rundini befindet sich die meiste Zeit des Jahres in einer Schachtel im Keller bei Familie Baumann. Ende des Jahres holen sie die Kiste in die Wohnung. Dann kramen sie auch die Christbaumkugel Rundini heraus.

„Oft habe ich Weihnachten miterlebt“, erzählt Rundini. „Es lief jedes Jahr ähnlich ab. Ich habe viel gesehen.“

Rundini hat beobachtet, wie Herr und Frau Baumann viele Päckchen packten. Diese mussten vor Weihnachten fertig sein. Die Familie wollte vielen Menschen eine

Freude machen. Sie schenkte dem Bäcker und dem Metzger ein Päckchen, den kranken Kindern im Krankenhaus, aber auch dem Pfarrer und dem Lehrer. Jedes Päckchen war mit einem bunten Band verziert. Und unter der Schleife befand sich ein Tannenzweig.

Die Christbaumkugel Rundini erzählt: „Die ganzen Päckchen packt Frau Baumann auf den Leiterwagen. Und dann fährt Herr Baumann damit los. Manche bringt er aufs Postamt. Andere liefert er direkt bei den Menschen ab, denen er eine Freude machen möchte."

In der Adventszeit kann Rundini im Haus viel beobachten. „Die Kinder sticken, häkeln, kleben und malen", sagt die Christbaumkugel. „Sie basteln viele Geschenke. Und mit den Erwachsenen zusammen sägen, feilen und lackieren sie. Die Eltern lesen ihren Kindern abends eine Geschichte vor."

Rundini freut sich: „Ich als Christbaumkugel komme immer in dieser schönen Jahreszeit zum Einsatz." Vom Baum aus kann sie allen gut zuschauen. Und jedes Jahr freut sie sich mit der Familie Baumann.

Nur etwas trübt die Freude der Christbaumkugel. Rundini flüstert: „Im letzten Jahr hing ich zu nah an eine Kerze." Da hat sie sich versengt. Seitdem ist da ein großer schwarzer Fleck an der Kugel.

„Das ist schade", sagt sie. „Denn weil ich nun diesen Fleck an mir habe, hänge ich nicht mehr vorne am Weihnachtsbaum, sondern Frau Baumann hängt mich immer nach hinten. Jetzt bekomme ich leider nicht mehr alles mit, was die Familie an den Feiertagen tut."

*Aktivierung:* *Schmücken Sie zusammen den Weihnachtsbaum oder schauen Sie ihn zusammen an und bestaunen die glänzenden Kugeln.*

## *Der Engel von der Post*

***Tipp:*** *Lesen Sie diese Geschichte vor, wenn Sie eine Weihnachtskarte lesen – oder schreiben Sie zusammen eine Weihnachtskarte.*

„Puh, ist das schwer." Konrad wischt sich den Schweiß von der Stirn. Der Briefträger muss viele Pakete schleppen. „In der Adventszeit ist mein Beruf besonders anstrengend", klagt der Postbote. „Da trage ich so viele Pakete. Und weil ich warm angezogen bin, muss ich immer so schwitzen." Er bindet seinen Schal lockerer.

Dann klingelt er bei Frau Huber. Es knarrt, als sie die Treppen hinuntersteigt. Und als sie die Tür öffnet, umnebelt Konrad schnell der Duft nach frisch gebackenen Weihnachtsplätzchen.

„Bitte schön", strahlt Konrad. Und er reicht Frau Huber ein Päckchen.

„Ach wie nett." Frau Huber lächelt. „Ich weiß schon, was drin ist." Flugs reißt sie das Packpapier weg und öffnet den Karton. Dann reicht sie dem Paketboten etwas: „Hier, das schenke ich Ihnen zu Weihnachten."

„Ach, wie nett“, antwortet Konrad. „Ein Päckchen mit Lebkuchen. Vielen Dank.“

Frau Huber schmunzelt. „Gerne. Sie haben ja einen ganz weihnachtlichen Beruf.“

„Warum? Weil ich im Advent Pakete verteile?“

„Nicht nur darum.“ Frau Huber schüttelt den Kopf. „Sie sind doch Postbote. Ein Bote, der etwas bringt. Auch in der Weihnachtsgeschichte kommen viele Boten vor. Die Engel.“

Konrad lacht. „Sehe ich aus wie ein Engel?“

Frau Huber schüttelt wieder den Kopf. „Nein, ich meine etwas anderes. Die Engel sind auch Boten. Sie haben eine gute Botschaft von Gott bekommen. In der Weihnachtsgeschichte sollten sie den Menschen sagen: ‚Fürchtet euch nicht, euer Retter ist geboren!‘“

„Ach so!“ Der Briefträger lacht. „Ich verstehe.“

Frau Huber gibt dem Postboten die Hand. „Und nun wünsche ich Ihnen eine frohe Adventszeit. Ich wünsche Ihnen, dass Sie in den nächsten Wochen nur noch gute Nachrichten verteilen.“

***Gesprächsimpuls:*** *Welche Erinnerungen haben Sie an die Post? Wie ging es auf dem Postamt zu? Kam der Briefträger mit dem Fahrrad oder zu Fuß? Oder hat er die Post mit dem Auto verteilt?*

## *Frank und die Lokomotive*

***Tipp:** Bringen Sie eine kleine Lokomotive (Modellbau) oder ein Foto von einer Lok mit.*

Klack! Jetzt ist er abgesperrt. Der Schrank mit den Weihnachtsgeschenken. Elvira lächelt und versteckt den Schlüssel in der Schublade unter ihren Strümpfen. Aber ihr Mann Frank hat sie dabei durch den Türspalt beobachtet.

Kaum hat Elvira das Haus verlassen, wühlt Frank auch schon in der Schublade unter Elviras Socken. Wo ist er denn? Wo ist er denn? Ah, da! Triumphierend hält Frank den Schlüssel in die Luft. Schon steckt er im Schloss des Schrankes. Frank dreht um – und da entdeckt er auch schon sein Weihnachtsgeschenk. „Wunderbar!“, entfährt es ihm und er bekommt große Augen. Eine neue Lokomotive für seine Modelleisenbahn! Schnell schließt er wieder ab. Den Schlüssel für den Schrank packt er vor lauter Aufregung in die falsche Schublade: unter Elviras Blusen.

Frank ist selig. So eine alte Dampflok hat er sich schon immer gewünscht. Jetzt zählt er die Tage bis Heiligabend. Dann kann er endlich das Geschenk auspacken. Noch zehn Tage! Er murmelt: „Hoffentlich dauert die Feier nicht so lang. Dann kann ich am Abend noch die Lokomotive fahren lassen.“

In den folgenden Nächten träumt Frank von seiner neuen Lok.

Als Elvira am nächsten Tag ein weiteres Geschenk in den Schrank packen will, wird sie stutzig: Der Schlüssel liegt im falschen Fach. Aha, Frank hat in den Schrank geschaut! Elvira denkt nach und beschließt: Warte nur, dir werde ich es zeigen.

An Heiligabend sitzt die Familie beim Essen. Elvira, Frank, die Kinder und die Enkel. Es gibt Kartoffelsalat mit Würstchen, wie jedes Jahr. Danach singt die Familie zusammen ein paar Weihnachtslieder und Frank liest eine Weihnachtsgeschichte vor. Aber in Gedanken ist er ganz woanders, bei seiner neuen Lok. Frank kann es kaum erwarten, bis endlich die Bescherung kommt.

Dann ist es so weit. „Hier ist dein Geschenk“, lächelt Elvira und drückt ihrem Mann ein kleines Päckchen in die Hand. Die Lokomotive hat Frank aber viel größer in Erinnerung. Gespannt reißt er das Päckchen auf und findet darin – eine rote Krawatte.

„Eine Krawatte?“, ruft Frank. Seine Augen werden ganz groß.

„Ja, eine Krawatte.“ Elvira schaut Frank an. Sie muss aufpassen, dass sie nicht lacht. „Damit siehst du aus wie ein richtiger Schaffner.“

„Oh, danke“, murmelt Frank. Er weiß nicht, was er sagen soll. Dann verkriecht er sich in seinen Hobbyraum und spielt mit der Modelleisenbahn. Ohne neue Lok.

Beim Frühstück am ersten Weihnachtsfeiertag liegt ein schönes Päckchen auf Franks Platz. Rotes, glänzendes Papier und eine blaue Schleife. „Und hier kommt die richtige Bescherung für dich“, schmunzelt Elvira.

Frank reißt das Päckchen auf und entdeckt darin – seine ersehnte Lok.

Elvira und Frank müssen beide laut lachen. „Da hast du mir aber eine riesige Freude gemacht. Vielen Dank", sagt Frank und nimmt Elvira in den Arm.

***Gesprächsimpuls:** Haben Sie früher als Kind schon mal ein verstecktes Weihnachtsgeschenk gefunden? Wie war das dann bei der Bescherung?*

## *Das Krippenspiel*

***Tipp:** Vielleicht hat Ihr Angehöriger an Weihnachten früher gerne Familiengottesdienste mit Krippenspiel besucht. Sprechen Sie über die gemeinsamen Erfahrungen mit Krippenspielen. Diese Geschichte will daran anknüpfen.*

Wie in jedem Jahr soll an Heiligabend in der Kirche ein Krippenspiel aufgeführt werden. Heute treffen sich alle Kinder, die mitspielen möchten.

Pfarrer Bergmann erklärt: „Wir brauchen einen Wirt, einen Hirten, einen Engel, die Weisen aus dem Morgenland – und natürlich Maria und Josef."

Die Kinder tuscheln aufgeregt: „Ich würde gern den Josef machen." – „Und ich die Maria?" – „Ich wäre lieber ein Hirte." – „Nein, ich glaube, du solltest besser einen Engel spielen." – „Wie viele Weise aus dem Morgenland gibt es eigentlich?" „Und wer spielt denn Ochse und Esel?"

„Stopp", ruft Pfarrer Bergmann. „Lasst mich doch einmal klären: Wer will denn überhaupt mitspielen?"

Alle Kinder strecken die Hand hoch.

Pfarrer Bergmann zählt durch. „Siebzehn! Ihr wollt alle siebzehn mitspielen?" Er schlägt die Hände über dem Kopf zusammen. „Wir haben noch nie ein Krippenspiel mit siebzehn Kindern aufgeführt."

Max schüttelt den Kopf: „Aber das ist doch ganz einfach. Dann gibt es eben viel mehr Weise und Hirten. Dann müssen wir auch weniger Text lernen!"

Pfarrer Bergmann lacht. „Das ist eine gute Idee, Max. Und es ist wie im richtigen Leben. Denn bei Jesus ist jeder willkommen."

***Gesprächsimpuls:*** *Haben Sie schon einmal an einem Krippenspiel mitgewirkt? Haben Ihre Kinder oder Enkel schon einmal bei einem Krippenspiel mitgemacht?*

## *Der Wettstreit der Monate*

Alle Monate des Jahres haben sich einmal getroffen. Und jeder war davon überzeugt, dass er besonders wichtig ist – und dass man das ganze Jahr nach ihm benennen sollte.

Der Januar sagte: „Ich bin der wichtigste Monat, weil ich zuerst komme."

Der Februar antwortete: „Nein. Ich bin der einzige Monat, der nur 28 Tage hat. In der Kürze liegt die Würze. Da kann keiner mithalten."

Der März lächelte. „Aber im März strahlt zum ersten Mal wieder die Sonne und die Menschen freuen sich darüber."

Der April schmunzelte. „Und bei mir fängt's immer gleich mit einem Aprilscherz an. Am ersten April sorge ich für Lachen und gute Laune. Was kann es Besseres geben?"

Darauf antwortete der Mai: „Über mich gibt es viele schöne Lieder. Zum Beispiel: Der Mai ist gekommen. Und die Menschen nennen mich Wonnemonat!"

Der Juni lächelte besonnen. „Im Juni gibt's Erdbeeren. Erdbeeren mit Schlagsahne, Erdbeerkuchen und frisches Erdbeereis."

Der Juli antwortete: „Aber wenn ich dran bin, fangen die Leute an, für den Sommerurlaub zu packen. Was gibt es Schöneres als Ferien?"

August lächelte. „Im August ist es am heißesten. Die

Menschen gehen ins Freibad. Und es gibt starke Gewitter."

Der September ergänzte: „Dafür bin ich mild und schön – und es blühen Sonnenblumen."

Der Oktober strahlte. „Aber so schöne bunte Blätter wie im Oktober findet ihr in keinem anderen Monat."

Der November antwortete: „Dafür bringe ich den schönsten Nebel mit."

Der Dezember triumphierte: „Also, ich bin so wichtig, dass die Menschen meine Tage zählen. Vom ersten bis zum 24. Dezember gibt's einen Adventskalender. Dann feiern sie Weihnachten. Und zuletzt werde ich mit einem großen Feuerwerk verabschiedet."

Die Monate wurden sich nicht einig darüber, wer von ihnen der beste und der schönste Monat ist. Also beschlossen sie: Jeder soll einmal im Jahr drankommen. Und darum wechseln sie sich schön nacheinander wieder ab.

*Kennen Sie Sprüche und Lieder über Monate?*

*Im Märzen der Bauer die Rösslein an… (-spannt).*
*Der April macht, was er ... (will).*
*Der Mai ist ge… (-kommen).*

# Besinnliches und Andachten

## *Wer hört hier schlecht?*

***Tipp:*** *Nehmen Sie sich während der Geschichte Zeit, ganz bewusst auf die Geräusche der Umgebung zu hören. Hören Sie die Vögel pfeifen? Knacken die Balken im Boden? Machen die vorbeifahrenden Autos Lärm?*

Im Alter hört man nicht mehr so gut. Das weiß Hubert schon lange. Aber Hubert will jetzt einmal testen, wie gut oder schlecht seine Frau Elfriede wirklich hört. Früher hat seine Frau immer sehr gut gehört. Zu ihr hat die Redensart gepasst: Elfriede hört das Gras wachsen.

Beim nächsten Waldspaziergang bleibt Hubert deshalb stehen und betrachtet einen Baum. Seine Frau Elfriede geht in dieser Zeit weiter. Als sie etwa einen Steinwurf weit entfernt ist, ruft Hubert: „Elfriede!"

Keine Reaktion.

Aha, denkt sich Hubert. So gut funktioniert das also nicht mehr mit dem Hören. Er geht nun seiner Frau hinterher. Er läuft etwas schneller als sie. Als er sie halb eingeholt hat, ruft er: „Liebe Elfriede?"

Wieder hört er keine Reaktion.

Hubert schüttelt den Kopf und denkt: Langsam muss ich mir wohl Sorgen um meine Frau machen.

Er holt sie noch weiter ein. Als er nur noch eine Armlänge hinter ihr ist, ruft er: „Elfriiiede. Hööörst du mich?“

Keine Antwort.

Das ist wirklich traurig, denkt sich Hubert: Sie hört ganz schlecht. Dreimal habe ich gerufen. Und dreimal hat sie nicht reagiert. Mit zwei schnellen Schritten holt er seine Frau ein und ist nun direkt neben ihr.

Da dreht sich Elfriede zu ihm um und sagt: „Hubert, bist du eigentlich schwerhörig? Dreimal habe ich geantwortet und dreimal hast du nicht gehört.“

Wer schlecht hört, versteht andere Menschen nicht so gut. Aber wenn Gott redet, kann ich ihn hören, auch wenn meine Ohren nicht mehr gut sind. Gott redet zum Beispiel durch ein Bibelwort. Er sagt: „Ich bin bei dir an jedem Tag.“ Oder er sagt: „Ich habe dich bei deinem Namen gerufen, du bist mein.“

Beten wir doch zu Gott: „Herr, ich möchte deine Stimme hören. Rede du zu mir. Ich vertraue, dass mir deine Worte Kraft geben.“

*Bibelstellen zum Nachlesen:*
*Matthäus 28,20; Jesaja 43,1*

## *Gott sucht keine Socken*

*Tipp: Nehmen Sie vorher gemeinsam die frisch gewaschenen Socken von der Wäscheleine und suchen die passenden Paare zusammen.*

Hilde hat heute großen Waschtag. Gerade holt sie einen Korb Socken aus der Waschmaschine. Sie hängt alle Socken an die Leine. Dabei sortiert sie die Strümpfe schon paarweise zusammen. Aber irgendetwas stimmt nicht. Sie hat doch zehn Paar Socken gewaschen! Zehn Paar Socken, das sind insgesamt zwanzig Stück. Aber Hilde findet nur neunzehn Strümpfe.

Hilde sagt: „Ich bin mir ganz sicher, dass ich zehn Paar in die Maschine getan habe. Zwanzig Stück." Aber einer fehlt. Strumpf Nummer neunzehn hängt einsam und alleine an der Leine. Sein Gegenstück ist weg. Es ist ein roter, selbst gestrickter Wollstrumpf mit zwei weißen Streifen.

Liegt er vielleicht noch im Wäschekorb? Oder ist er in der Waschmaschine geblieben? Hat er sich im Schrank versteckt? Hilde sucht und sucht. Hinter der Maschine ist er auch nicht. Ob sie ihn im Treppenhaus verloren hat? Nein, auch dort liegt kein Strumpf. Er scheint wie vom Erdboden verschluckt.

Bisher hat Hilde aber stets alle Socken wiedergefunden. Es gibt also keinen Grund, sich verrückt zu machen. Sicher wird sie auch den roten Strumpf mit den zwei weißen Streifen finden. So ist es eben: Es geht schon mal etwas verloren. Wir müssen uns nicht selbst verrückt machen, wenn wir etwas nicht gleich finden.

Nicht nur wir Menschen suchen manchmal etwas. Auch Gott ist auf der Suche. Was sucht Gott? Er sucht keine Socken. Er sucht etwas viel Wichtigeres. Gott sucht Menschen! Jawohl, er hat sich auf die Socken gemacht und sucht seine Menschen.

Gott sucht auch uns. Dabei lässt er sich nicht von unseren Fehlern abhalten. So sehr liebt er uns. Das ist eine gute Botschaft – von der ich hoffentlich völlig von den Socken bin.

Ich kann ihm antworten: „Gott, hier bin ich. Danke, dass ich dir wichtig bin."

Hilde hat den Strumpf dann übrigens wiedergefunden. Er war ihr heruntergefallen und lag im Flur auf dem Boden.

*Bibelstelle zum Nachlesen: 1. Mose / Genesis 3,9*

# *Das Schlitzohr*

*Tipp: Lesen Sie diese Geschichte vor, bevor Sie zusammen ein Stück Kuchen essen.*

Franz schneidet den Hefezopf auf. Er will ihn mit seinem Besuch zusammen essen. Aber Franz ist ein Schlitzohr. Er überlegt sich nämlich, wie er selbst das größte Stück von dem Kuchen bekommt. Die anderen sollen es aber nicht merken …

Also schneidet Franz die Stücke unterschiedlich breit. Das dickste Stück legt er unten auf den Teller. Alle dünneren Stücke stapelt er obendrauf. Dann hält er den Teller seinen Gästen hin: „Bitte schön, bedient euch!" Einer nach dem anderen nimmt sich ein Stück: Anne, Elisabeth, Peter, Eugen. Zuletzt bleibt das dickste Stück Kuchen übrig. Natürlich für Franz. So ein Schlitzohr!

Bin ich auch manchmal so wie Franz? Ich möchte das Beste für mich haben! Ich habe Angst, dass ich zu kurz komme. Dabei schenkt Gott mir so viel. Zum Beispiel schönes Wetter, warme Kleidung, gutes Essen, liebe Menschen und schöne Erfahrungen. Ich muss es mir nicht durch eigene Schlitzohrigkeit ergaunern. Gott schenkt mir so viel, dass ich nicht zu kurz komme.

Das größte Geschenk ist aber, dass Gott uns das ewige Leben schenken möchte. Deshalb ist Jesus auf die Erde gekommen und für uns gestorben und dann wieder auferstanden. Dieses Geschenk macht Gott allen Menschen. Jeder darf ihn darum bitten.

*Bibelstelle zum Nachlesen: Römer 6,23*

## *Unter neuer Leitung*

***Tipp:** Bringen Sie ein Foto oder Zeichnung von einem Hotel oder Haus mit. Sie können auch einen anderen Namen für den Gasthof wählen, der mit Erinnerungen Ihres Zuhörers verbunden ist.*

Das Gasthaus „Zur Post" ist ein schöner alter Landgasthof. Er steht mitten im Ort. Die Wände sind mit Fachwerk verziert und an den Fenstern sind grüne Fensterläden. Im Sommer stehen Blumenkästen mit roten Geranien vor dem Haus. Und viele bunte Sonnenschirme, damit die Gäste im Schatten sitzen können.

Am Haus hängt ein Schild: „Ab Juni wird das Gasthaus unter neuer Leitung eröffnet." Das Haus hat nämlich den Besitzer gewechselt. Der frühere Inhaber war Herr Schwarz. Ab Juni betreibt Herr Weiß die Gaststätte.

So ähnlich ist es, wenn jemand Christ wird. Es sieht noch alles gleich aus wie vorher. Man ist immer noch jung oder alt. So wie der Gasthof immer noch die gleichen Fensterläden hat. Aber Jesus sagt: „Siehe, ich mache alles neu."

Nach und nach wird der Besitzer das Haus seinen Wünschen anpassen. Ich kann Gott mein Haus schenken. Ich kann Gott mein Herz schenken. Wie es in einem Kindergebet heißt: „Ich bin klein, mein Herz ist rein, es soll niemand drin wohnen als Jesus allein."

*Bibelstelle zum Nachlesen: Offenbarung 21,5*

## *Der Nachfolger*

Schreinermeister Lechleiter aus München sucht einen neuen Gesellen. Der alte Geselle ist umgezogen. Er zog in den Schwarzwald zurück, wo er eigentlich herstammt. Dabei war Herr Lechleiter sehr zufrieden mit Norbert, seinem früheren Schreiner. Zum Abschied sagte der Schreinermeister zu seinem Gesellen: „Es wird schwierig werden, einen so tüchtigen Burschen wie dich zu finden."

Aber irgendwie ist es ihm doch gelungen. Schreiner Lechleiter hat in der Zeitung eine Anzeige aufgegeben: „Nachfolger gesucht. Suche einen Schreinergesellen." Außerdem hat er viele Leute gefragt. Schließlich hat er einen neuen Schreinergesellen gefunden. Hans ist fleißig und hat viel Erfahrung im Sägen, Bohren, Schleifen und Schrauben. Schreiner Lechleiter freut sich sehr über Hans.

Ganz ähnlich verhält es sich auch mit Pfingsten. Jesus, Gottes Sohn, hat viele Jahre auf der Erde gelebt. Er hat hier seinen Auftrag erfüllt. Dann ging Jesus wieder zurück zu seinem Vater im Himmel. Das feiern wir an Himmelfahrt.

Moment mal! Heißt das: Jesus ist jetzt im Himmel und hat die Menschen alleingelassen? Nein, denn Gott hat einen Nachfolger auf die Erde geschickt: den Heiligen Geist. Wir können ihn nicht sehen – aber er ist trotzdem da.

Wenn wir traurig sind – er kann uns trösten.

Wenn wir nichts verstehen – er kann es uns erklären.

Wenn wir etwas nicht wissen – er kann uns erinnern.

Wir beten: Danke, lieber Gott, dass du uns nie allein lässt. Du hast einen Nachfolger für Jesus geschickt. Das ist der Heilige Geist. Darum feiern wir Pfingsten. Ich danke dir dafür.

*Bibelstelle zum Nachlesen: Johannes 14,26*

*Auch bis in euer Alter bin ich derselbe, und ich will euch tragen, bis ihr grau werdet.*

*Jesaja* 46,4

Margarethe war in den letzten Jahren etwas schusselig geworden. Es begann damit, dass sie hin und wieder ihre Brille verlegte. Irgendwann begann sie auch, die Tageszeiten zu verwechseln.

Der Nachbar Herr Schneider beschwerte sich bei der Tochter: „Ihre Mutter lässt nachts um drei Uhr Opernarien laufen. Bei aller Liebe zu Pavarotti – aber doch nicht um diese Uhrzeit."

Ein andermal vergaß Margarethe, aus der Straßenbahn auszusteigen. Als der Fahrer dann rief: „Endstation. Bitte alle aussteigen!", hätte sie fast einen Streit mit ihm angefangen.

Irgendwann konnte Margarethe nicht mehr alleine wohnen. Also ist sie ins Pflegeheim umgezogen. Margarethe findet es jetzt gar nicht so schlecht im Heim.

Der Pfarrer, der für das Haus zuständig ist, hat am Anfang ein schönes Gebet mit ihr gesprochen:

„Danke, Gott, dass ich leben darf.
Ich kann vieles nicht mehr.
Manches habe ich vergessen.
Trotzdem weiß ich: Du bist da.

Ich bin jetzt in einer fremden Umgebung.
Hier wird aber bestens für mich gesorgt.
Mach mich milde gegenüber dem Personal.
Gib mir Liebe für die anderen Bewohner.
Du hast mich noch einmal in einen neuen Lebensabschnitt gestellt.
Danke, dass du auch hier bei mir bist – an jedem Tag.
Amen."

Margarethe fand das Gebet sehr schön. Da sie es sich nicht merken konnte, bat sie den Pfarrer, es ihr aufzuschreiben. Das tat er auch und klebte es auf ihren Nachttisch. Nun betet sie es jeden Tag mindestens einmal.

*Tipp: Schreiben Sie das Gebet gut leserlich und in großen Buchstaben auf, damit es immer wieder gelesen werden kann.*

## *Jesus sagt: Ich bin die Tür.*

*Johannes 10,9*

***Tipp:** Zeigen Sie das Foto einer Tür. Wenn Sie ein altes Bild finden, auf dem die Haustür eines früheren Wohnortes zu sehen ist, können Sie es auf einem Kopierer vergrößern und beim Vorlesen zeigen.*

Eine Haustür erzählt:

Ich bin die alte Holztür am Haus von Frau Brotkant. Ich bin nicht mehr die jüngste Tür. Meine Scharniere quietschen ein wenig, ein bisschen Öl täte mir bestimmt gut. Schon mehrmals wurde ich frisch gestrichen. Und an manchen Stellen habe ich Macken und Dellen.

Im Winter muss ich ganz schön viel mitmachen. Da ist es draußen eiskalt. Drinnen im Flur ist es aber wohlig warm. Das muss man erst mal verkraften. Ich ziehe mich im Winter immer vor Kälte zusammen. Daher muss man das Schloss von Dezember bis März immer zweimal umdrehen. Und im Sommer, wenn ich mich wieder ausdehne, streife ich dafür oben ein wenig an der Decke. Eine Haustür zu sein ist kein Traumjob! Meine Kollegin, die Wohnungstür, hat es da viel leichter. Aber man kann es sich ja nicht aussuchen.

Ich, die alte Holztür, habe schon ganz verschiedene Menschen erlebt, die bei Frau Brotkant ein- und ausgegangen sind. Die meisten sind ganz harmlos: die alten Damen, die am Samstagmittag zum Kaffeekränzchen kommen, zum Beispiel. Sie sind alle ganz nett. „Hallo, meine Liebe", sagen sie immer. Ein Küsschen links auf die Backe. Und ein Küsschen rechts auf die Backe. Nur die Frau Breitling habe ich nicht so gerne. Sie sieht nicht mehr so gut und fährt dann mit ihrem Rollator immer gegen mich. Ihre Radhalterung hat mir schon einen dicken Kratzer beschert.

In ganz schlechter Erinnerung habe ich, die Haustüre, einen Besucher. Das war ein Vertreter. Er hat sich angeregt mit Frau Brotkant unterhalten. Sie hat ihm von ihrem Hobby erzählt: „Ich backe sehr gern. Im Sommer backe ich am liebsten Kuchen mit frischen Früchten aus dem Garten: Himbeerkuchen, Pfirsichkuchen oder Kirschkuchen."

Daraufhin wollte der Vertreter ihr gleich etwas verkaufen: „Schauen Sie, Frau Brotkant, hier habe ich etwas Wunderbares für Sie: das Backbuch in 23 Bänden mit Rezepten von allen Kontinenten."

Frau Brotkant wollte den Mann loswerden, denn er war schon ziemlich aufdringlich. Sie brauchte ja gar kein Backbuch in 23 Bänden. Da der Mann aber nicht auf sie hören wollte, sagte sie irgendwann: „Ich schlage jetzt gleich die Tür zu. Passen Sie bloß auf, dass Sie sich nichts einklemmen!" Und schon knallte es. Ich, die alte Holztür, befand mich wieder im Türrahmen. Uuuah, das hat gescheppert!

Ja, durch eine Tür kommt manch lieber Besuch. Aber auch der ein oder andere ungebetene Gast.

Jesus sagt: „Ich bin die Tür." Das heißt: Jesus ist die Tür zu Gott. Wir dürfen entscheiden, ob wir eintreten wollen. Gott empfängt uns dann mit offenen Armen.

***Kennen Sie Redensarten mit „Tür"?***
*Bei diesem Wetter jagt man keinen Hund vor die … (Tür).*
*Jeder kehre vor seiner eigenen … (Tür).*
*Sie geben sich die Türklinke in die … (Hand).*
*Zwischen Tür und … (Angel).*
*Mit der Tür ins Haus … (fallen).*

## Gott braucht kein Hörgerät

***Tipp:*** *Die kursiv gedruckten Wörter besonders betonen!*

Marianne hört nicht mehr so gut. Wie das halt so ist, wenn man in ein gewisses Alter gekommen ist. Eines Morgens klingelt es an ihrer Wohnung. Die Nachbarin Irmtraud steht vor der Tür.

Irmtraud ruft: „Ich wollte dich mal besuchen."

Darauf antwortet Marianne: „Was musst du suchen?"

Irmtraud merkt, dass Marianne sie falsch verstanden hat: „Nein. Alles ist da. Wie geht es dir?"

Marianne ist entsetzt: „Was? Bier? Ich trinke doch kein Bier am frühen Morgen. Besser, ich mache einen Kaffee."

Marianne bittet Irmtraud in die Wohnung und holt die verbeulte Blechdose, in der sie das Kaffeepulver aufbewahrt. Einige Löffel davon gibt sie in den Kaffeefilter.

Irmtraud strahlt: „Wunderbar. Ich liebe diesen Duft."

Darauf antwortet Marianne: „Ja, natürlich. Wir können auch raus an die frische Luft."

Gemeinsam setzen sich die beiden Nachbarinnen an den Tisch auf dem Balkon. Sie gießen Milch in ihren Kaffee und genießen den schönen Ausblick.

Da sagt Irmtraud: „Hier sehe ich mal von einem anderen Blickwinkel aus in meinen Garten."

Marianne fragte verdutzt: „Worauf musst du warten?"

Die beiden Nachbarinnen verstehen sich nicht besonders gut. Immer wieder reden sie aneinander vorbei. Egal, ob Irmtraud gerade vom Kaffeeduft oder vom Garten spricht. Das Gute aber ist, dass es einen gibt, der immer hört. Das ist Gott. Gott hört den Menschen. Egal, ob er schreit, ob er weint oder seufzt. Gott hört den Menschen sogar, wenn er knurrt und murrt. Ganz besonders freut sich Gott, wenn der Mensch ihn lobt und anbetet. Das können wir gemeinsam tun:

„Gott, ich danke dir, dass du mich hörst. Du bist groß und siehst alle meine Nöte. Ich will dich anbeten."

***Tipp:** Sie können auch an dieser Stelle gemeinsam das Vaterunser beten.*

*Bibelstellen zum Nachlesen: Matthäus 7,7-8*

## *Vom selben Autor*

Menschen mit Demenz begleiten, ohne sich zu überfordern

*Ein Ratgeber für Angehörige*

128 Seiten.
ISBN 978-3-7655-2062-4

Die Angehörigen wollen immer Lösungen im Umgang mit ihren dementen Menschen. Nach dem Motto: Wie reagiere ich, wenn sich der Demente soundso verhält? Uli Zeller beschreibt das punktgenau. Er hat einen sehr ermutigenden und hilfreichen Stil entwickelt, wirklich hilfreiche Ratschläge weiterzugeben. Nun erscheint sein Buch: Menschen mit Demenz begleiten, ohne sich zu überfordern. ... In gewohnter Qualität finden Angehörige hier Tipps, die sie gut umsetzen können. Ich kann das Buch daher nur empfehlen.

Gabriele Glocker, Pflegewirtin,
Seniorenbüro der Stadt Singen

*Viele weitere Bücher zum Thema finden Sie unter dem Stichwort „Demenz“ auf unserer Website:*

*www.brunnen-verlag.de*